浙江省地方标准

交通建设工程工程量清单计价规范
第 4 部分:船闸工程

Criterion of valuation with bill quantity for transportation construction
Part 4:Ship lock engineering

DB 33/T 628.4—2015

主编单位:浙江省交通运输厅工程质量监督局
长湖申线湖州段航道扩建工程指挥部
批准部门:浙江省质量技术监督局
实施日期:2015 年 10 月 25 日

人民交通出版社股份有限公司
China Communications Press Co.,Ltd.

图书在版编目(CIP)数据

交通建设工程工程量清单计价规范. 第4部分,船闸工程/浙江省交通运输厅工程质量监督局,长湖申线湖州段航道扩建工程指挥部主编. —北京:人民交通出版社股份有限公司,2015.9

ISBN 978-7-114-12495-2

Ⅰ.①交… Ⅱ.①浙… ②长… Ⅲ.①交通工程—工程造价—建筑规范—浙江省②船闸—工程造价—建筑规范—浙江省 Ⅳ.①U491-65②U641.5-65

中国版本图书馆CIP数据核字(2015)第219342号

书　　名:**交通建设工程工程量清单计价规范　第4部分:船闸工程**

著 作 者:浙江省交通运输厅工程质量监督局　长湖申线湖州段航道扩建工程指挥部

责任编辑:黎小东

出版发行:人民交通出版社股份有限公司

地　　址:(100011)北京市朝阳区安定门外外馆斜街3号

网　　址:http://www.ccpress.com.cn

销售电话:(010)59757973

总 经 销:人民交通出版社股份有限公司发行部

经　　销:各地新华书店

印　　刷:北京市密东印刷有限公司

开　　本:880×1230　1/16

印　　张:8.75

字　　数:260千

版　　次:2015年10月　第1版

印　　次:2015年10月　第1次印刷

书　　号:ISBN 978-7-114-12495-2

定　　价:75.00元

目　　次

前言 …… Ⅲ
1　范围 …… 1
2　规范性引用文件 …… 1
3　术语和定义 …… 1
　3.1　工程量清单 …… 1
　3.2　项(细)目编号 …… 1
　3.3　项(细)目名称 …… 1
　3.4　项(细)目特征 …… 1
　3.5　综合单价 …… 2
　3.6　暂列金额 …… 2
　3.7　计日工 …… 2
　3.8　暂估价 …… 2
4　工程量清单编制 …… 2
　4.1　一般规定 …… 2
　4.2　工程量清单格式 …… 3
　4.3　工程项(细)目工程量清单 …… 13
5　工程量清单计价 …… 35
　5.1　通则 …… 35
　5.2　第100章　总则 …… 36
　5.3　第200章　土石方及填筑工程 …… 42
　5.4　第300章　钢筋及预应力钢筋工程 …… 55
　5.5　第400章　混凝土工程 …… 59
　5.6　第500章　桩基工程 …… 67
　5.7　第600章　附属设施安装工程 …… 71
　5.8　第700章　钢结构工程 …… 81
　5.9　第800章　砌筑工程 …… 87
　5.10　第900章　地基处理工程 …… 90
　5.11　第1000章　场地及场内道路工程 …… 95
　5.12　第1100章　船闸设备安装工程 …… 95
　5.13　第1200章　绿化和环境保护工程 …… 97
　5.14　第1300章　机电设备安装工程 …… 97
　5.15　第1400章　配套房屋建筑工程 …… 113
　5.16　第1500章　桥梁及接线工程 …… 113
　5.17　第1600章　航道工程 …… 113
6　工程量清单计价表表式和计价要求 …… 114
　6.1　工程量清单预算价表表式和计价要求 …… 114
　6.2　工程量清单报价表表式和计价要求 …… 123
参考文献 …… 132

前　言

DB 33/T　628《交通建设工程工程量清单计价规范》分为四个部分：

——第 1 部分：公路工程；

——第 2 部分：港口工程；

——第 3 部分：航道工程；

——第 4 部分：船闸工程。

本部分为 DB 33/T 628 的第 4 部分。

本部分依据 GB/T 1.1—2009 给出的规则起草。

本部分的技术内容以 GB 50500—2013《建设工程工程量清单计价规范》、JTS 271—2008《水运工程工程量清单计价规范》、JTS 110—2008《水运工程标准施工招标文件》等作为基础规范，结合我省船闸建设实际制定。

本部分由浙江省交通运输厅提出并归口。

本部分起草单位：浙江省交通运输厅工程质量监督局、长湖申线湖州段航道扩建工程指挥部。

本部分主要起草人：丁正祥、陈亮、罗劲松、颜韶辉、褚彬潜、何敏芳、王靖、孙晓军、蒋春晖、王勇斌、周秋霞、陈白燕、秦英庆、杨全、竹青、胡琪琪、俞中奇、凌妙青、邹铁军、施海峰。

本部分主要审核人：吴安宁、何仲文、林军、郑宏、吴文华、沈勤林。

交通建设工程工程量清单计价规范

第4部分:船闸工程

1 范围

DB 33/T 628 的本部分规定了船闸工程工程量清单编制、工程量清单计价、工程量清单计价表式和计价要求等。

DB 33/T 628 的本部分适用于新建、改(扩)建船闸工程的工程量清单计价、监督、管理等活动。

2 规范性引用文件

下列文件对于本文件的应用是必不可少的。凡是注日期的引用文件,仅注日期的版本适用于本文件。凡是不注日期的引用文件,其最新版本(包括所有的修改单)适用于本文件。

JTS 271　水运工程工程量清单计价规范

DB 33/T 628.1　交通建设工程工程量清单计价规范　第1部分:公路工程

DB 33/T 628.2　交通建设工程工程量清单计价规范　第2部分:港口工程

DB 33/T 628.3　交通建设工程工程量清单计价规范　第3部分:航道工程

3 术语和定义

下列术语和定义适用于 DB 33/T 628 的本部分。

3.1

工程量清单

表现拟建工程各章分部分项工程项目编码、项(细)目编号、项(细)目名称、计量单位和相应数量的明细清单,以及与之配套的结构形式、格式、内容和相关说明等。若具报价的,宜称为标价工程量清单。

[改写 JTS 271 定义 2.0.1]

3.2

项(细)目编号

采用阿拉伯数字并结合英文字母表示,由章节、子目和项(细)目三级构成,并在各级间由半角的连接号分隔的编号形式。其中,第一级是根据项(细)目所在章节确定的统一编号,由三位或四位数字构成;第二级是根据子目确定的顺序编号,由非零数字由小到大依次构成;第三级是根据项(细)目确定的顺序编号,由英文字母依次构成或由某同一英文小写字母结合非零数字由小到大依次构成。

[改写 DB 33/T 628.2 定义 3.3]

3.3

项(细)目名称

根据工程界面划分和拟建工程实际,并与项(细)目编号唯一对应的分部分项工程名称。

[DB 33/T 628.2 定义 3.4]

3.4

项(细)目特征

按不同工程部位、施工工艺或材料品种、规格等对项(细)目所作的描述。

[DB 33/T 628.2 定义 3.5]

3.5

综合单价

完成工程量清单中一个实际数量合格的规定计量单位项(细)目所需的劳务、材料、机械、质检(自检)、运输、安装、调试、缺陷修复、管理、保险(工程一切险和第三方责任险除外)、税费、利润等费用,以及合同明示或暗示的所有责任、义务和一般风险的价格。

[改写 DB 33/T 628.2 定义 3.6]

3.6

暂列金额

招标人为暂列项目和可能发生的合同变更而预留的一定百分率的不可预见因素的预备金(不可预见费)。

[改写 JTS 271 定义 2.0.6]

3.7

计日工

为完成招标人提出的合同范围以外的零星项目或工作,即不能以实物量计量的所需的人工、材料、船舶机械综合单价。

[JTS 271 定义 2.0.5]

3.8

暂估价

招标人在工程量清单中提供的用于支付必然发生但暂时不能确定价格的材料、设备和专业工程的金额。

[DB 33/T 628.2 定义 3.9]

4 工程量清单编制

4.1 一般规定

4.1.1 工程量清单应由具有编制招标文件能力的招标人,或受其委托具有相应资质的机构进行编制,编制人员需有水运造价人员从业资格。

4.1.2 工程量清单为招标文件的组成部分,是工程量清单计价的基础,是编制招标预算价(控制价)和投标报价的依据。

4.1.3 工程量清单应按本规范规定的统一格式编制,除暂估价外的各项综合单价、合价栏目仅作为格式示范之用,在编制时均不得填入数字、文字等信息。

4.1.4 工程量清单应按标段分别编制,同一项目出现多个标段时,表现同一工程内容的工程项(细)目,其项目编码、项(细)目编号、项(细)目名称及计量单位应保持一致。

4.1.5 工程量清单应由封面、工程量清单编制总说明、工程量清单计价说明、工程量清单汇总表、工程项(细)目工程量清单、暂估价表、计日工明细表以及招标人供应材料设备表等组成。其中,封面、工程量清单编制总说明、工程量清单计价说明、工程量清单汇总表和工程项(细)目工程量清单为必备内容,暂估价表、计日工明细表以及招标人供应材料设备表应根据工程实际需要而设的可选内容。工程项(细)目工程量清单内容由总则(第 100 章)和若干专业工程(第 200 章 ~ 第 1600 章)组成,其中第 1000 章场地及场内道路工程、第 1200 章绿化和环境工程、第 1400 章配套房屋建筑工程的工程项(细)目应引用《交通建设工程工程量清单计价规范　第 3 部分:航道工程》,第 1500 章桥梁及接线工程的工程项(细)目应引用《交通建设工程工程量清单计价规范　第 1 部分:公路工程》,第 1600 章航道工程的工程项(细)目应引用《交通建设工程工程量清单计价规范　第 3 部分:航道工程》。专业工程可仅列出招标范围实际发生的章节内容和项(细)目,不发生的可省略。

4.1.6 在招标的船闸工程标段内,如含有累计长度小于等于 500m 的航道工程(不含引航道长度),工程量清单应按照《交通建设工程工程量清单计价规范　第 3 部分:航道工程》,将相关章节项(细)目编号前加(HD),列入 1600 章;累计长度大于 500m 的航道工程(不含引航道长度)宜按照《交通建设工程工程量清单计价规范　第 3 部分:航道工程》编制航道工程清单。

4.1.7 招标人编制的工程量清单电子版文件随招标文件一起提供给投标人。

4.1.8 工程项(细)目工程量清单编制应符合下列规定:

a)工程项(细)目工程量清单应包括项目编码、项(细)目编号、项(细)目名称(包括项目特征)、计量单位和工程数量。

b)工程项(细)目工程量清单应根据本规范规定的统一项目编码、项(细)目编号、项(细)目名称(包括项目特征)、计量单位和工程量计算规则并结合拟建工程内容制定;当结合拟建工程内容(如特殊、新颖结构工程)出现本规范未包括的项(细)目时,应在招标文件中具体规定,并在不违背本规范前提下,可按项目编码、项(细)目编号规则,补充项(细)目,列入工程量清单中,并补充相应的计价规则和技术规范。

c)工程项(细)目工程量清单中的项(细)目名称与项(细)目编号应按本规范规定一一对应并保持唯一性,不得混用,每一工程项(细)目及对应的项(细)目编号在同一份工程量清单中不得出现两次或两次以上。项(细)目编号可分别由一级,一、二级或一、二、三级构成,当项(细)目编号由一级或一、二级构成时,项(细)目编号需列全;当项(细)目编号由一、二、三级构成,而一、二级编号在前项中已有表述的,其后项所属项(细)目可仅列出三级编号,一、二级编号可以省略。当某一工程项(细)目已列至三级而需根据同类工程的不同规格、强度等再分项(细)目时,其三级编号可由某同一小写英文字母结合非零数字由小到大依次编列。

示例:如1306-6-a镀锌钢管,需再按不同直径分项(细)目时,可按a1、a2、a3等依次编列。

d)工程量清单中的计量单位应按本规范规定的计量单位确定。

e)工程量清单中的工程数量应按下列规定进行计算:

1)工程数量应按本规范规定的工程量计算规则计算;

2)工程数量的有效位数应遵守下列规定:

- 以米、平方米、立方米、千克等为计量单位的,保留小数点后两位小数,第三位数字四舍五入;以平方千米、吨等为计量单位的,保留小数点后三位小数,第四位数字四舍五入;
- 以个、根、件、台、套、组、项等为计量单位的,取整数;
- 以“总额”为单位,工程数量除暂定工程量项(细)目填暂定数量外,其他项(细)目均应填“1”。

4.1.9 招标人供应的材料和设备的综合单价和数量,投标人据表9列综合单价和数量投标报价。如果招标人对主要材料或设备的直接采购不属于施工标段的工作范围,且不在施工标段内计量支付,则招标人可在施工标段中可不计该材料或设备的采购费(简称“不计价材料或设备”),投标人据此填报不含该材料或设备采购费的报价。合同双方在合同条款中明确工作界面和相应职责。

4.2 工程量清单格式

4.2.1 工程量清单应采用本规范制定的统一格式。

4.2.2 工程量清单格式应由下列内容及所列顺序组成:

a)封面;

b)工程量清单编制总说明;

c)工程量清单计价说明;

d)工程量清单汇总表;

e)工程项(细)目工程量清单;

f)暂估价表;

g)计日工明细表;

h)招标人供应材料设备表。

工程量清单格式内容详见表1~表9。

4.2.3 工程量清单格式应按下列规定填写:

a)工程量清单格式应由招标人按本规范的统一格式填写;

b)封面应按规定内容填写、签字、盖章;

c)工程量清单编制总说明应填写工程量清单编制依据、需说明的情况和问题等内容;

d)工程量清单计价说明除本规范内容外,招标人可根据具体情况进行补充。

表1　封面

____**工程项目**

____________________**标段**

工 程 量 清 单

招 标 人：____________________(全称)____________________(单位盖章)

法定代表人
或授权代理人：____(签字盖章)

编制单位：____(单位盖章)

水运工程造价人员
及资格证书编号：____(签字盖章)

编制日期：____

表 2　工程量清单编制总说明

项目名称：________________________________　　第____页　共____页

表3　工程量清单计价说明

序号	说　明
1	工程量清单应与投标人须知、合同条款、计价规范、技术规范及图纸等文件结合起来查阅与理解
2	工程量清单中所列各项(细)目的工程量,为暂定工程数量,是预算的或者设计的预计数量,仅作为投标的共同基础,不能作为最终结算与支付的依据。实际支付应按实际完成的工程量,由承包人按计价规范、技术规范规定的计量方法,以监理人认可的尺寸、断面、数量计量,按工程量清单的综合单价计算支付金额;或者,根据具体情况,按相应合同条款的规定,由监理人确定的综合单价计算支付额
3	除非合同另有规定,工程量清单中有标价的综合单价均已包括了为实施和完成合同工程所需的劳务、材料、机械、质检(自检)、运输、安装、调试、缺陷修复、管理、保险(工程一切险、第三方责任险除外)、规费、税费、利润等费用,以及合同明示或暗示的所有责任、义务和一般风险的价格
4	工程一切险的投保金额为工程量清单中的各章合计金额(不含第100章中的工程一切险及第三方责任险的保险费和施工安全生产费),保险费率为____‰;第三方责任险的投保金额为____万元,投保次数为____次,保险费率暂定为____‰。工程量清单第100章内列有上述保险费的支付项(细)目,投标人根据上述保险费率计算出保险费,填入工程量清单。除上述工程一切险、第三方责任险以外,所投其他保险的保险费均由承包人承担并支付(另有约定的除外),不在报价中单列。安全生产费不少于投标价(不含第100章中的工程一切险及第三方责任险的保险费和施工安全生产费)的1.5%
5	工程量清单中本合同工程列有数量的每一个项(细)目,都需填入综合单价或总额价,作为工程价款结算的依据。对于列有数量没有填入综合单价的项(细)目,其费用应视为分摊在本合同工程的有关项(细)目的综合单价之中。投标人必须按发包人指令完成工程量清单中未填入综合单价的工程项(细)目,但不能得到结算与支付
6	除工程量清单漏项或设计变更引起新的工程量清单项(细)目外,符合合同条款、计价规范、技术规范规定的全部费用应认为已被计入有标价的工程量清单所列各项(细)目之中,未列项(细)目不予计量,其费用应视为已分摊在本合同工程的有关项(细)目的综合单价或总额价之中
7	工程量清单各章节是按计价规范、技术规范相应章次编号的,因此,工程量清单中各章节的工程项(细)目的范围与计量等应与计价规范、技术规范相应章节的范围、计量与支付条款结合起来理解或解释
8	对作业和材料的一般说明或规定,未重复写入工程量清单内,在给工程量清单各项(细)目标价前,应参阅招标文件中计价规范、技术规范的有关部分
9	对于符合要求的投标文件,在签订合同协议书前,如发现标价工程量清单中有计算方面的算术性差错,应按投标人须知规定予以处理
10	工程量清单中所列工程量的变动,丝毫不会影响合同条款的效力,也不免除承包人按规定的规范进行施工和修复缺陷的责任
11	除合同另有约定,承包人用于本合同工程的各类装备的提供、运输、维护、拆卸、拼装等支付的费用,已包含在工程量清单的综合单价与总额价之中
12	本项目工程量清单中的暂列金额计算方法为:第100章至____章(项目实际发生的最后一章)工程量清单合计减去暂估价后的____%
13	计量方法:a)用于支付已完工程的计量方法,应符合计价规范、技术规范中相应章节的计量支付规定。b)图纸中所列的工程数量表及数量汇总表仅是提供资料,不是工程量清单的外延。当图纸与工程量清单所列数量不一致时,以工程量清单所列数量作为报价的依据
14	工程量清单中各项金额均以人民币(元)结算,有特殊规定的从其规定
15	工程量清单及其计价中所有要求署名、盖章处,必须由规定的单位和人员署名、盖章

注1:工程一切险(通常项目为3‰)、第三方责任险(通常项目投保金额为100万元,投保次数2次,保险费率5‰)的保险费率、投保金额和次数由招标人在招标文件中明确取值,以统一报价。

注2:总额价就是工程数量为"1"的综合单价。

注3:暂列金额计算取费率一般为5%,特殊情况视项目定,由招标人在招标文件中明确取值,以统一报价。

表4　工程量清单汇总表

工程名称:______________________________　　标段:______________

序号	章次	章 名 称	金额(元)
1	100	总则	
2	200	土石方及填筑工程	
3	300	钢筋及预应力钢筋工程	
4	400	混凝土工程	
5	500	桩基工程	
6	600	附属设施安装工程	
7	700	钢结构工程	
8	800	砌筑工程	
9	900	地基处理工程	
10	1000	场地及场内道路工程	
11	1100	船闸设备安装工程	
12	1200	绿化和环境保护工程	
13	1300	机电设备安装工程	
14	1400	配套房屋建筑工程	
15	1500	桥梁及接线工程	
16	1600	航道工程	
17			
18	第100章至第1600章清单合计		
19	在清单合计中的暂估价合计		
20	清单合计减去材料、工程设备和专业工程暂估价合计(20)=(18)-(19)		
21	计日工合计		
22	暂列金额(不含计日工总额)(22)=[(20)×__%]		
23	投标报价(23)=(18)+(21)+(22)		

注:暂列金额计算取费率一般为5%,特殊情况视项目定,由招标人在招标文件中明确取值,以统一报价。

表5　工程项(细)目工程量清单

工程名称:________________________　标段:______________　第____页　共____页

清单　第______章　______						
项目编码	项(细)目编号	项(细)目名称	计量单位	工程数量	综合单价(元)	合价(元)
清单　第____章合计　人民币__________________元						

表6　暂 估 价 表

工程名称：____________________　**标段：**____________________

1. 材料暂估价						
项(细)目编号	名称	单位	数量	综合单价(元)	合价(元)	备注
(1)材料暂估价小计						
2. 工程设备暂估价						
项(细)目编号	名称	单位	数量	综合单价(元)	合价(元)	备注
(2)工程设备暂估价小计						
3. 专业工程暂估价						
项(细)目编号	名称	单位	数量	综合单价(元)	合价(元)	备注
(3)专业工程暂估价小计						
暂估价合计[(1)+(2)+(3)]						

表7 计日工明细表——计日工说明

序号	计 日 工 说 明
1	一般规定:a)本计日工说明应结合招标文件合同条款相应条款一并理解。b)未经监理人书面指令,任何工程不得按计日工施工;接到监理人按计日工施工的书面指令,承包人也不得拒绝。c)投标人应在本节中填列计日工项(细)目的基本单价或组价,该基本单价或组价适用于监理人指令的任何数量的计日工的结算与支付。计日工的人工、材料和施工机械由招标人列出正常的估计数量,投标人报出综合单价,计算出计日工合价后列入工程量清单汇总表中并进入评标价。d)在实施中所需的工作台、脚手架、临时设施费根据监理人的签认另行计量。e)计日工不调价
2	计日工人工:a)在计算应付给承包人的计日工费用时,工时应从工人到达施工现场,并开始从事指定的工作算起,到返回原出发地点为止,扣去用餐和休息的时间。只有直接从事指定的工作,且能胜任该工作的工人才能计工,随同工人一起做工的班长应计算在内,但不包括领工(工长)和其他质检管理人员。b)承包人可以得到用于计日工人工的全部工时的支付,此支付按投标人填报的"计日工项目清单计价表"所列综合单价计算,该综合单价应包括基本单价及承包人的管理费、税费、利润等所有附加费,说明如下: 1)人工单价包括:计日工劳务的全部直接费用,如工资、加班费、津贴、福利费及劳动保护费等。2)所有附加费包括:承包人的利润、管理、质检、保险、税费;易耗品的使用、水电及照明费、手动机具与工具的使用及维修,以及上述各项伴随而来的费用
3	计日工材料:承包人可以得到计日工使用的材料费用(已计入劳务费内的材料费用除外)的支付,此费用按投标人"计日工项目清单计价表"中所填报的综合单价计算,该综合单价应包括基本单价及承包人的管理费、税费、利润等所有附加费,说明如下:a)材料基本单价按供货价加运杂费(到达承包人现场仓库)、保险费、仓库管理费以及运输损耗等计算。b)所有附加费包括:承包人的利润、管理、质检、保险、税费及其他附加费。c)从现场运至使用地点的人工费和施工机械使用费不包括在上述基本单价内
4	计日工船舶机械:a)承包人可以得到用于计日工作业的船舶机械费用的支付,该费用按投标人填报的"计日工项目清单计价表"中的组价计算。该组价应包括船舶机械的折旧、利息、维修、保养、零配件、油燃料、保险和其他消耗品的费用以及全部有关使用这些船舶机械的管理费、税费、利润和司驾船机人员与助手的劳务费等费用。b)在计日工作业中,承包人计算所用的船舶机械费用时,应按实际工作小时支付。除非经监理人的同意,计算的工作小时才能将船舶机械从现场某处运到监理人指令的计日工作业的另一现场往返运送时间包括在内

表 8　计日工明细表——计日工项目清单计价表

工程名称：________________　**标段：**____________　**第____页　共____页**

序号	名 称	规格（工种）	计量单位	数 量	金额（元）	
					综合单价（元）	合价（元）
J101	人工	班长	工日			
J102		普通工	工日			
J103		焊工	工日			
J104		电工	工日			
J105		混凝土工	工日			
J106		木工	工日			
J107		钢筋工	工日			
		……				
	小 计					
J201	材料	水泥	t			
J202		钢筋	t			
J203		钢绞线	t			
J204		沥青	t			
J205		木材	m^3			
J206		砂	m^3			
J207		碎石	m^3			
J208		片石	m^3			
		……				
	小 计					
J301	船舶机械	装载机				
J301-1		1.5m^3 以下	台班			
J301-2		1.5m^3 ~2.5m^3	台班			
J301-3		2.5m^3 以上	台班			
J302		推土机				
J302-1		90kW 以下	台班			
J302-2		90kW ~180kW	台班			
J302-3		180kW 以上	台班			
J303		搅拌船				
J303-1		12m^3/h 搅拌船	艘班			
J304		挖掘机				
J304-1		斗容 1.0m^3 以内	台班			
J304-2		斗容 1.0m^3 以上	台班			
		……				
	小　计					
	合　计					

注：根据工程需要，计日工人工和船舶机械也可选用“小时(h)”为计量单位。

表 9　招标人供应材料设备表

工程名称：______________________　**标段：**____________　**第____页　共____页**

序号	名　称	规格型号	单位	数量	综合单价(元)	合价(元)	交货地点	备注
合　计								

4.3 工程项(细)目工程量清单

4.3.1 第100章 总则

工程项(细)目工程量清单的项目编码、项(细)目编号、项(细)目名称、计量单位设置,应按表10的规定执行。

表10 第100章 总则

工程项(细)目工程量清单

工程名称:________________ 标段:________________ 第____页 共____页

清单 第100章 总则						
项目编码	项(细)目编号	项(细)目名称	计量单位	工程数量	综合单价(元)	合价(元)
	101	通则				
100100103000	101-1	保险费				
100100103001	-a	按合同条款规定,提供建筑工程一切险(含税)	总额	1		
100100103002	-b	按合同条款规定,提供第三方责任险(含税)	总额	1		
	102	工程管理				
100100115000	102-1	竣工文件	总额	1		
100100104000	102-2	安全生产费	总额	1		
100100105000	102-3	施工环境保护费	总额	1		
	103	临时工程与设施				
	103-1	临时道路、码头、栈桥、围堰及其他设施等的修建、养护与拆除(包括原道路和码头的养护)				
100100107000	-a	临时道路修建、养护与拆除(包括原道路的养护)	总额	1		
100100112000	-b	临时码头修建、养护与拆除(包括原码头的养护)	总额	1		
100100117000	-c	临时栈桥(平台)修建、养护与拆除	总额	1		
100100118000	-d	临时围堰修建与拆除	总额	1		
100100119000	103-2	临时导航与助航设施	总额	1		
100100111000	103-3	临时用地	总额	1		
100100108000	103-4	临时供电设施架设、拆除、维修	总额	1		

表 10　第 100 章　总则(续)

工程项(细)目工程量清单

工程名称:____________________　**标段:**____________　**第___页　共___页**

清单　第 100 章　总则						
项目编码	项(细)目编号	项(细)目名称	计量单位	工程数量	综合单价(元)	合价(元)
100100110000	103-5	电信设施的提供、维修与拆除	总额	1		
100100109000	103-6	供水与排污设施	总额	1		
100100113000	103-7	工地预制场(厂)建设	总额	1		
	104	承包人驻地建设(含标准化工地建设)				
100100120000	104-1	承包人驻地建设(含标准化工地建设)	总额	1		
	105	第三方检测费				
100100121000	105-1	工程第三方检测费(暂估价)	总额	1		
100100122000	105-2	测量工程第三方检测费(暂估价)	总额	1		
100100123000	106	施工通航管理维护费(暂估价)	总额	1		
清单　第 100 章合计　人民币____________元						

注:103-1-d 临时围堰项(细)目一般按总额计价,但对于大型船闸工程临时围堰施工方案较为复杂,有明确的质量验收标准,工程量较大,而设计方案较为明确,也可分列项(细)目内容,以单价乘以数量方式列清单。

4.3.2 第200章　土石方及填筑工程

工程项(细)目工程量清单的项目编码、项(细)目编号、项(细)目名称、计量单位设置,应按表11的规定执行。

表11　第200章　土石方及填筑工程

工程项(细)目工程量清单

工程名称:______________　**标段:**______________　**第**____**页　共**____**页**

清单　第200章　土石方及填筑工程						
项目编码	项(细)目编号	项(细)目名称	计量单位	工程数量	综合单价(元)	合价(元)
	201	清理与挖除				
101100016000	201-1	清理障碍物				
101100016001	-a	清理障碍物(障碍物名称)	m^3(项)			
101100016002	-b	水下清理块石	m^2			
100501005000	201-2	场地清理与平整	m^2			
101100019000	201-3	伐树及挖树根	棵			
	202	拆除或移除				
101100012000	202-1	拆除混凝土及钢筋混凝土				
101100012001	-a	拆(移)除素混凝土	m^3			
101100012002	-b	拆(移)除钢筋混凝土	m^3			
101100013000	202-2	拆除土(石)堤	m^3			
101100014000	202-3	拆除土(石)围堰	m^3			
101100015000	202-4	拆除砌体	m^3			
	203	陆上土方开挖				
100501002000	203-1	地槽土方开挖	m^3			
100501003000	203-2	地坑土方开挖	m^3			
100501004000	203-3	岸坡土方开挖	m^3			
100501001000	203-4	一般土方(除地槽、地坑、岸坡之外)开挖	m^3			
	204	陆上石方开挖				
100501010000	204-1	基坑石方开挖	m^3			
100501011000	204-2	沟槽石方开挖	m^3			
100501009000	204-3	一般石方(除沟槽、基坑之外)开挖	m^3			
	205	水下基槽土方开挖				

表11　第200章　土石方及填筑工程(续)

工程项(细)目工程量清单

工程名称:______　标段:______　第____页　共____页

清单　第200章　土石方及填筑工程						
项目编码	项(细)目编号	项(细)目名称	计量单位	工程数量	综合单价(元)	合价(元)
100502001000	205-1	基槽挖泥	m^3			
100502002000	205-2	基槽清淤	m^3			
	206	水下石方基槽开挖				
100502003000	206-1	水下石方爆破开挖基槽	m^3			
100502004000	206-2	水下一般炸礁	m^3			
	207	疏浚				
100200007000	207-1	引航道疏浚(按土质、运距分)	m^3			
100200008000	207-2	船闸疏浚(按土质、运距分)	m^3			
	208	测量工程				
100300004000	208-1	引航道水深测量	km^2			
100300005000	208-2	船闸水深测量	km^2			
	209	垫层填筑				
100503001000	209-1	填筑砂垫层	m^3			
100503002000	209-2	填筑砂夹卵石垫层	m^3			
100503003000	209-3	填筑碎(卵)石垫层	m^3			
100503004000	209-4	填筑块石垫层	m^3			
100503005000	209-5	填筑二片石垫层	m^3			
100503049000	209-6	水泥稳定碎石垫层	m^3			
100503050000	209-7	土工织物垫层	m^2			
100503018000	210	棱体块石				
100503018100	210-1	陆上抛填块石	m^3			
100503018200	210-2	水下抛填块石	m^3			
	211	倒滤层				
100503051000	211-1	碎石倒滤层	m^3			
100503052000	211-2	粗砂倒滤层	m^3			
100503053000	211-3	土工织物	m^2			
	212	基床填筑				

表 11　第 200 章　土石方及填筑工程(续)

工程项(细)目工程量清单

工程名称:______________　标段:______________　第____页　共____页

清单　第 200 章　土石方及填筑工程						
项目编码	项(细)目编号	项(细)目名称	计量单位	工程数量	综合单价(元)	合价(元)
100503020000	212-1	填筑连续基床块石	m^3			
100503021000	212-2	填筑独立基床块石	m^3			
100503022000	212-3	填筑基床砂	m^3			
	213	块石填筑				
100503023000	213-1	填筑护坦、护坡、护脚块石	m^3			
	214	堤身、堤脚及护坡填筑				
100503031000	214-1	填筑土(石)堤、围堰堤身	m^3			
100503032000	214-2	填筑土(石)堤、围堰护坡	m^3			
100503033000	214-3	竹笼块石护坡、护脚	m^3			
100503034000	214-4	金属笼块石护坡、护脚	m^3			
	215	构筑物后回填				
100503037000	215-1	填砂	m^3			
100503054000	215-2	填土[碎石、块(片)石……]	m^3			
	216	构筑物内填筑				
100503038000	216-1	构筑物内填砂	m^3			
100503039000	216-2	构筑物内填碎石	m^3			
100503040000	216-3	构筑物内填块(片)石	m^3			
100503041000	216-4	构筑物内填砂石	m^3			
	217	场地及道路填筑				
100503044000	217-1	场地填砂	m^3			
100503045000	217-2	场地填土	m^3			
100503055000	217-3	铺筑宕渣	m^3			
100503056000	217-4	铺筑碎石	m^3			
100503057000	217-5	铺筑粉煤灰	m^3			
清单　第 200 章合计　人民币______________元						

4.3.3 第300章　钢筋及预应力钢筋工程

工程项(细)目工程量清单的项目编码、项(细)目编号、项(细)目名称、计量单位设置,应按表12的规定执行。

表12　第300章　钢筋及预应力钢筋工程

工程项(细)目工程量清单

工程名称:____________　**标段:**________　**第___页　共___页**

清单　第300章　钢筋及预应力钢筋工程						
项目编码	项(细)目编号	项(细)目名称	计量单位	工程数量	综合单价(元)	合价(元)
	301	钢筋				
100801008000	301-1	灌注桩钢筋				
100801008001	-a	光圆钢筋(HPB300)	t			
100801008002	-b	带肋钢筋(HRB400)	t			
100801009000	301-2	预制桩钢筋				
100801009001	-a	预制桩光圆钢筋(HPB300)	t			
100801009002	-b	预制桩带肋钢筋(HRB400)	t			
100801002000	301-3	预制混凝土钢筋				
100801002001	-a	光圆钢筋(HPB300)	t			
100801002002	-b	带肋钢筋(HRB400)	t			
100801001000	301-4	现浇混凝土钢筋				
100801001001	-a	光圆钢筋(HPB300)	t			
100801001002	-b	带肋钢筋(HRB400)	t			
100801010000	301-5	防腐涂层钢筋				
100801010001	-a	环氧涂层钢筋	t			
100801011000	301-6	化学植筋	t			
	302	预应力钢材				
	302-1	先张法预应力钢材				
100802001000	-a	先张法预应力钢筋	t			
100802005000	-b	先张法预应力钢丝	t			
100802006000	-c	先张法预应力钢绞线	t			
	302-2	后张法预应力钢材				
100802002000	-a	后张法预应力钢筋	t			
100802003000	-b	后张法预应力钢丝	t			
100802004000	-c	后张法预应力钢绞线	t			
100801003000	303	现浇混凝土钢筋网片	t			
100801004000	304	预制混凝土钢筋网片	t			
101100009000	305	锚杆(按直径分)	t			
101100010000	306	预应力锚索(按材质、长度分)	m			
101100022000	307	板桩钢拉杆	m			
清单　第300章合计　人民币________元						
注:管桩预制在500章中已经包含了预应力钢材,在302-1和302-2中不再计列预应力钢材工程量。						

4.3.4 第400章　混凝土工程

工程项(细)目工程量清单的项目编码、项(细)目编号、项(细)目名称、计量单位设置,应按表13的规定执行。

表13　第400章　混凝土工程

工程项(细)目工程量清单

工程名称:________________　**标段:**________________　**第____页　共____页**

清单　第400章　混凝土工程						
项目编码	项(细)目编号	项(细)目名称	计量单位	工程数量	综合单价(元)	合价(元)
	401	现浇结构混凝土				
	401-1	闸首结构混凝土				
100702078000	-a	垫层混凝土(按强度等级分)	m^3			
100702079000	-b	底板混凝土(按强度等级分)	m^3			
100702045000	-c	边墩混凝土(按强度等级分)	m^3			
100702080000	-d	梁柱混凝土(按强度等级分)	m^3			
100702081000	-e	宽缝混凝土(按强度等级分)	m^3			
100702082000	-f	消能槛混凝土(按强度等级分)	m^3			
100702083000	-g	消能格栅混凝土(按强度等级分)	m^3			
100702072000	-h	二期混凝土(按强度等级分)	m^3			
	401-2	闸室结构混凝土				
100702084000	-a	垫层混凝土(按强度等级分)	m^3			
100702085000	-b	底板混凝土(按强度等级分)	m^3			
100702086000	-c	消力池底板混凝土(按强度等级分)	m^3			
100702087000	-d	墙身混凝土(按强度等级分)	m^3			
100702088000	-e	胸墙混凝土(按强度等级分)	m^3			
100702089000	-f	混凝土埂(按强度等级分)	m^3			
100702090000	-g	二期混凝土(按强度等级分)	m^3			
	401-3	翼墙混凝土				
100702091000	-a	垫层混凝土(按强度等级分)	m^3			
100702092000	-b	底板混凝土(按强度等级分)	m^3			
100702093000	-c	系船柱块体(按强度等级分)	m^3			
100702094000	-d	块石混凝土(按强度等级分)	m^3			
100702095000	-e	胸墙混凝土(按强度等级分)	m^3			
100702096000	-f	压顶混凝土(按强度等级分)	m^3			

表 13　第 400 章　混凝土工程(续)

工程项(细)目工程量清单

工程名称:________________　**标段:**____________　**第____页　共____页**

清单　第 400 章　混凝土工程						
项目编码	项(细)目编号	项(细)目名称	计量单位	工程数量	综合单价(元)	合价(元)
	401-4	上、下游引航道及其他混凝土				
100702097000	-a	垫层混凝土(按强度等级分)	m^3			
100702098000	-b	底板混凝土(按强度等级分)	m^3			
100702099000	-c	胸墙混凝土(按强度等级分)	m^3			
100702100000	-d	挡土墙混凝土(按强度等级分)	m^3			
100702101000	-e	压顶混凝土(按强度等级分)	m^3			
100702102000	-f	栏杆混凝土(按强度等级分)	m^3			
100702103000	-g	系船柱块体混凝土(按强度等级分)	m^3			
100702104000	-h	护轮坎混凝土(按强度等级分)	m^3			
100702105000	-i	卸荷板混凝土(按强度等级分)	m^3			
100702106000	-j	靠船墙混凝土(按强度等级分)	m^3			
100702107000	-k	导航墙混凝土(按强度等级分)	m^3			
100702108000	-l	靠船墩混凝土(按强度等级分)	m^3			
100702109000	-m	隔流墩混凝土(按强度等级分)	m^3			
100702110000	401-5	钢管桩桩芯混凝土(按强度等级分)	m^3			
	402	预制结构混凝土[以下项(细)目含构件安装]				
100701011000	402-1	空心板混凝土(按强度等级分)	m^3			
100702112000	402-2	块体混凝土(按强度等级分)	m^3			
100702113000	402-3	路缘石混凝土(按强度等级分)	m^3			
100702114000	402-4	混凝土连锁块(按强度等级分)	m^3			
100702115000	402-5	梁混凝土(按强度等级分)	m^3			
100702116000	402-6	板混凝土(按强度等级分)	m^3			
100702117000	402-7	轨道梁混凝土(按强度等级分)	m^3			
清单　第 400 章合计　人民币____________元						

4.3.5 第500章　桩基工程

工程项(细)目工程量清单的项目编码、项(细)目编号、项(细)目名称、计量单位设置,应按表14的规定执行。

表14　第500章　桩基工程

工程项(细)目工程量清单

工程名称:________________ **标段:**____________ **第**____**页　共**____**页**

清单　第500章　桩基工程						
项目编码	项(细)目编号	项(细)目名称	计量单位	工程数量	综合单价(元)	合价(元)
100601010000	501	木桩(按桩长、直径分)	m			
	502	管桩				
100601011000	502-1	制作(按材料、桩径分)	m			
100601012000	502-2	沉桩				
100601012001	-a	直桩沉桩(按桩型、桩径或断面、桩长分)	根			
100601012002	-b	斜桩沉桩(按桩型、桩径或断面、桩长分)	根			
100602001000	503	灌注桩				
100602001100	503-1	陆上非嵌岩钻孔灌注桩(按桩径分)	m			
100602001200	503-2	水中非嵌岩钻孔灌注桩(按桩径分)	m			
100602001300	503-3	陆上嵌岩钻孔灌注桩(按桩径分)	m			
100602001400	503-4	水中嵌岩钻孔灌注桩(按桩径分)	m			
	504	试验检测				
100601013000	504-1	桩基检测				
100601013001	-a	钻取混凝土芯样,直径70mm	m			
100601013002	-b	钻取混凝土芯样,直径100mm	m			
100601013003	-c	低应变反射波法检测	根			
100601013004	-d	高应变动测法检测	根			
100601013005	-e	两测管埋设及超声波检测	m			
100601013006	-f	三测管埋设及超声波检测	m			
100601013007	-g	四测管埋设及超声波检测	m			
100601014000	504-2	桩的检验荷载试验[以不同桩径设置工程项(细)目,按桩径从小到大依次排列]	根			
100601015000	504-3	桩的破坏荷载试验[以不同桩径设置工程项(细)目,按桩径从小到大依次排列]	根			
清单　第500章合计　人民币________________**元**						

4.3.6 第600章　附属设施安装工程

工程项(细)目工程量清单的项目编码、项(细)目编号、项(细)目名称、计量单位设置,应按表15的规定执行。

表15　第600章　附属设施安装工程

工程项(细)目工程量清单

工程名称:________________　**标段:**____________　**第**____**页　共**____**页**

清单　第600章　附属设施安装工程						
项目编码	项(细)目编号	项(细)目名称	计量单位	工程数量	综合单价(元)	合价(元)
101100006000	601	沉降缝	m			
101100007000	602	止水				
101100007100	602-1	铜片止水(按宽度分)	m			
101100007200	602-2	镀铜(锌)止水(按宽度分)	m			
101100007300	602-3	沥青铜(铝、铁)片止水(按材质分)	m			
101100007400	602-4	沥青油毛毡卷止水	m			
101100007500	602-5	沥青井	m			
101100007600	602-6	止水槽灌填沥青	m^3			
101100007700	602-7	塑料(橡胶)止水带(按材质分)	m			
101100007800	602-8	环氧砂浆贴橡皮止水	m			
101100007900	602-9	沥青砂柱止水(按直径与配合比分)	m			
101100008000	603	伸缩缝				
101100008100	603-1	板式橡胶伸缩缝(按规格分)	m			
101100008200	603-2	异型钢板伸缩缝(按规格分)	m			
101100008300	603-3	沥青油毡(按油毡层数分)	m^2			
100900019000	604	栏杆(按材质分)				
100900019100	604-1	不锈钢栏杆(kg/每延米)	m			
100900019200	604-2	钢管栏杆(kg/每延米)	m			
100900019300	604-3	防撞钢护栏	m			
	605	系船设施				
101100004000	605-1	系船柱(按系缆力和材料分)				
101100004001	-a	钢筋混凝土包钢板系船柱(按系缆力分)	个			
101100004002	-b	铸钢系船柱(按系缆力分)	个			
101100004003	-c	铸铁系船柱(按系缆力分)	个			
101100004004	-d	浮式系船柱(按材质分)	个			

表 15　第 600 章　附属设施安装工程(续)

工程项(细)目工程量清单

工程名称:________________ **标段:**________________ **第____页　共____页**

清单　第 600 章　附属设施安装工程						
项目编码	项(细)目编号	项(细)目名称	计量单位	工程数量	综合单价(元)	合价(元)
101100011000	605-2	系船环	只			
101100023000	605-3	系船钩(按系缆力分)	只			
101100024000	605-4	快速脱缆钩	个			
101100025000	606	铁爬梯	kg			
101100026000	607	钢楼梯	kg			
101100001000	608	橡胶护舷				
101100001100	608-1	D 形橡胶护舷(按规格分)	m			
101100001200	608-2	拱形橡胶护舷(按规格分)	m			
101100001300	608-3	鼓形橡胶护舷(按规格分)	套			
101100001400	608-4	圆形橡胶护舷(按规格分)	m			
	609	钢护面(舷、角)				
101100027000	609-1	钢护面	t			
101100028000	609-2	钢护角	t			
101100002000	609-3	钢护舷	t			
101100029000	610	泄水孔(按材料、规格分)	m			
	611	预埋管道				
101100030000	611-1	预埋水管(按直径分)	m			
101100031000	611-2	预埋电缆管(按直径分)	m			
	612	预埋铁件和螺栓				
101100032000	612-1	预埋铁件	t			
101100033000	612-2	预埋螺栓	t			
	613	导航助航设施				
101100034000	613-1	灯塔(含基础等所有内容)	座			
101100035000	613-2	灯桩(标)				
101100035001	-a	灯桩	座			
101100035002	-b	立标	座			
	614	水位观测设施				
101100036000	614-1	水尺	m			
101100037000	614-2	水位计井	座			

表15　第600章　附属设施安装工程(续)

工程项(细)目工程量清单

工程名称:________________　标段:________________　第____页　共____页

清单　第600章　附属设施安装工程						
项目编码	项(细)目编号	项(细)目名称	计量单位	工程数量	综合单价(元)	合价(元)
101100038000	614-3	自动水位观测计	个			
101100039000	614-4	渗压计	个			
101100040000	614-5	土压力计	个			
101100041000	615	冷却管	t			
	616	标志标牌				
101100042000	616-1	单柱式标志标牌[以标志形式、尺寸、反光等级设置工程项(细)目]	座			
101100043000	616-2	双柱式标志标牌[以标志形式、尺寸、反光等级设置工程项(细)目]	座			
101100044000	616-3	门架式标志标牌[以标志形式、尺寸、反光等级设置工程项(细)目]	座			
101100045000	616-4	单悬臂式标志标牌[以标志形式、尺寸、反光等级设置工程项(细)目]	座			
101100046000	616-5	双悬臂式标志标牌[以标志形式、尺寸、反光等级设置工程项(细)目]	座			
101100047000	616-6	桥涵、构造物标志	个			
101100048000	616-7	引导标志	个			
清单　第600章合计　人民币________________元						

4.3.7 第 700 章 钢结构工程

工程项(细)目工程量清单的项目编码、项(细)目编号、项(细)目名称、计量单位设置,应按表 16 的规定执行。

表 16 第 700 章 钢结构工程

工程项(细)目工程量清单

工程名称:____________ **标段:**____________ **第**____**页 共**____**页**

清单 第 700 章 钢结构工程						
项目编码	项(细)目编号	项(细)目名称	计量单位	工程数量	综合单价(元)	合价(元)
100900001000	701	钢桥				
100900001100	701-1	人行钢桥和连接件	t			
100900001200	701-2	车行钢桥	t			
100900024000	702	钢平台	t			
100900025000	703	钢桁架桥	t			
100900014000	704	闸门				
100900014100	704-1	制作				
100900014101	-a	门体制作(按形式、类型分)	t			
100900014102	-b	轨道及预埋件制作	t			
100900014103	-c	运转件制作	t			
100900014200	704-2	安装				
100900014201	-a	门体安装(按形式、类型分)	t			
100900014202	-b	轨道及预埋件安装	t			
100900014203	-c	运转件安装	t			
	705	检修门				
100900026000	705-1	检修门(按形式、类型分)	t			
100900027000	705-2	浪风环	t			
100900028000	705-3	托架	t			
100900029000	705-4	门槽及预埋件	t			
	706	阀门				
100900030000	706-1	制作(按形式、类型分)				
100900030001	-a	阀门制作	t			
100900030002	-b	轨道及预埋件制作	t			
100900030003	-c	运转件制作	t			
100900031000	706-2	安装(按形式、类型分)				
100900031001	-a	阀门安装	t			
100900031002	-b	轨道及预埋件安装	t			
100900031003	-c	运转件安装	t			
100900032000	707	其他钢结构制造及安装	t			
	708	钢结构防腐(按涂层厚度、类型分)				
100900033000	708-1	涂料防腐	m^2			
100900034000	708-2	镀锌(铝)保护层	m^2			
100900035000	708-3	喷锌(铝)保护层	m^2			
清单 第 700 章合计 人民币__________元						

4.3.8 第800章　砌筑工程

工程项(细)目工程量清单的项目编码、项(细)目编号、项(细)目名称、计量单位设置,应按表17的规定执行。

表17　第800章　砌 筑 工 程

工程项(细)目工程量清单

工程名称:________________　**标段:**____________　**第**____**页　共**____**页**

清单　第800章　砌筑工程						
项目编码	项(细)目编号	项(细)目名称	计量单位	工程数量	综合单价(元)	合价(元)
	801	护底砌筑				
100504027000	801-1	浆砌块(片)石海曼	m^3			
100504028000	801-2	浆砌块(片)石护坎	m^3			
	802	护坡砌筑				
100504005000	802-1	浆砌块(片)石护坡(按砂浆强度等级分)	m^3			
100504006000	802-2	浆砌料石护坡(按砂浆强度等级分)	m^3			
100504029000	802-3	灌砌块(片)石护坡(按混凝土强度等级分)	m^3			
100504003000	802-4	干砌块(片)石护坡	m^3			
100504004000	802-5	干砌料石护坡	m^3			
	803	挡土墙砌筑				
100504007000	803-1	浆砌块石挡土墙(按砂浆强度等级分)	m^3			
100504030000	803-2	浆砌片石挡土墙(按砂浆强度等级分)	m^3			
100504008000	803-3	浆砌料石挡土墙(按砂浆强度等级分)	m^3			
100504031000	803-4	灌砌块(片)石挡土墙(按混凝土强度等级分)	m^3			
100504032000	803-5	干砌块(片)石挡土墙	m^3			
	804	台阶砌筑				
100504020000	804-1	浆砌块石台阶(按砂浆强度等级分)	m^3			
100504021000	804-2	浆砌料石台阶(按砂浆强度等级分)	m^3			
100504024000	805	砖砌体(按砂浆强度等级分)	m^3			
100504025000	806	浆砌预制块体(按预制块强度和砂浆强度等级分)	m^3			
清单　第800章合计　人民币____________元						

4.3.9 第900章　地基处理工程

工程项(细)目工程量清单的项目编码、项(细)目编号、项(细)目名称、计量单位设置,应按表18的规定执行。

表18　第900章　地基处理工程

工程项(细)目工程量清单

工程名称:______________ **标段:**______________ **第**____**页　共**____**页**

清单　第900章　地基处理工程						
项目编码	项(细)目编号	项(细)目名称	计量单位	工程数量	综合单价(元)	合价(元)
	901	沉降及变位监测设施				
100603012000	901-1	沉降监测设施	套			
100603013000	901-2	位移监测设施	套			
100603014000	901-3	测斜设施	套			
	902	软土地基地面处理				
100603015000	902-1	抛石挤淤	m^3			
100603016000	902-2	粒料垫层	m^3			
100603017000	902-3	灰土垫层	m^3			
100603001000	902-4	堆载预压	m^3			
100603002000	902-5	真空预压	m^2			
100603018000	902-6	沉降补方	m^3			
100603019000	902-7	土工布	m^2			
100603020000	902-8	土工格栅	m^2			
100603021000	902-9	土工格室	m^2			
	903	软土地基地下处理				
100603008000	903-1	袋装砂桩	m			
100603022000	903-2	井点降水	m			
100603023000	903-3	深井降水	台			
100603004000	903-4	塑料排水板				
100603004001	-a	深20m及以下塑料排水板(不可测深)	m			
100603004002	-b	深20m以上塑料排水板(不可测深)	m			
100603004003	-c	深20m及以下塑料排水板(可测深)	m			
100603004004	-d	深20m以上塑料排水板(可测深)	m			
100603024000	903-5	水泥搅拌桩(按桩径分)	m			
100603011000	903-6	旋喷桩(按桩径分)	m			
100603025000	903-7	振动碎石桩(按桩径分)	m			
100603026000	903-8	静压碎石桩(按桩径分)	m			
100603027000	903-9	砂桩(按桩径分)	m			
100603028000	903-10	预应力管桩(按桩径分)	m			
100603029000	903-11	基础换填(按材料分)	m^3			
清单　第900章合计　人民币______________元						

4.3.10 第1000章 场地及场内道路工程

工程项(细)目工程量清单的项目编码、项(细)目编号、项(细)目名称、计量单位设置,引用DB 33/T 628.3《交通建设工程工程量清单计价规范 第3部分:航道工程》第1000章场地及场内道路工程的内容执行。

4.3.11 第1100章 船闸设备安装工程

工程项(细)目工程量清单的项目编码、项(细)目编号、项(细)目名称、计量单位设置,应按表19的规定执行。

表19 第1100章 船闸设备安装工程

工程项(细)目工程量清单

工程名称:__________ 标段:__________ 第____页 共____页

清单 第1100章 船闸设备安装工程						
项目编码	项(细)目编号	项(细)目名称	计量单位	工程数量	综合单价(元)	合价(元)
101002009000	1101	启闭机				
101002009100	1101-1	固定卷扬式启闭机	台			
101002009200	1101-2	移动卷扬式启闭机	台			
101002009300	1101-3	液压式启闭机	台			
101002009400	1101-4	液压系统	套			
101002009500	1101-5	电动葫芦	台			
101002009600	1101-6	轨道及附件	m			
101002009700	1101-7	滑触线(三相四线)	m			
101002009800	1101-8	锁定装置				
101002009900	1101-9	备品备件				
清单 第1100章合计 人民币__________元						

4.3.12 第1200章 绿化和环境保护工程

工程项(细)目工程量清单的项目编码、项(细)目编号、项(细)目名称、计量单位设置,引用DB 33/T 628.3《交通建设工程工程量清单计价规范 第3部分:航道工程》第1000章场地及场内道路工程的内容执行。

4.3.13 第1300章 机电设备安装工程

工程项(细)目工程量清单的项目编码、项(细)目编号、项(细)目名称、计量单位设置,应按表20的规定执行。

表20 第1300章 机电设备安装工程

工程项(细)目工程量清单

工程名称:______ **标段:**______ **第____页 共____页**

清单 第1300章 机电设备安装工程 一、供配电及照明系统						
项目编码	项(细)目编号	项(细)目名称	计量单位	工程数量	综合单价(元)	合价(元)
101301010000	1301	高压成套开关柜				
101301011000	1301-1	高压隔离柜	台			
101301012000	1301-2	高压进线柜	台			
101301013000	1301-3	高压计量柜	台			
101301014000	1301-4	高压馈电柜	台			
101301015000	1301-5	高压联络柜	台			
101301016000	1301-6	高压无功功率补偿柜	台			
101302010000	1302	低压成套开关柜				
101302011000	1302-1	低压进线柜(屏)	台			
101302012000	1302-2	低压联络柜(屏)	台			
101302013000	1302-3	低压无功功率补偿柜(屏)	台			
101302014000	1302-4	直流电源屏	台			
101302015000	1302-5	避雷压变消弧消谐柜	台			
101303010000	1303	配电柜				
101303011000	1303-1	动力配电柜	台			
101303012000	1303-2	检修电源柜(箱)	台			
101303013000	1303-3	照明配电控制箱(柜)	台			
101303014000	1303-4	装卸设备接电箱及换向装置	台			
101304010000	1304	变压器与备用电源				
101304011000	1304-1	柴油发电机组	台			
101304012000	1304-2	不间断电源(UPS)	台			
101304013000	1304-3	应急电源(EPS)	台			
101304014000	1304-4	变压器	台			
101305010000	1305	电力监控				
101305011000	1305-1	电力监控操作台	台			

表20 第1300章 机电设备安装工程(续)

工程项(细)目工程量清单

工程名称:________________ 标段:____________ 第____页 共____页

清单 第1300章 机电设备安装工程 一、供配电及照明系统						
项目编码	项(细)目编号	项(细)目名称	计量单位	工程数量	综合单价(元)	合价(元)
101305012000	1305-2	电力监控通信柜	台			
101305013000	1305-3	电力通信服务器工作站	台			
101305014000	1305-4	电力监控软件	套			
101305015000	1305-5	协议转换器	套			
101305016000	1305-6	光纤交换机	台			
101305017000	1305-7	光纤终端设备	套			
101306010000	1306	线缆及附属设施				
101306011000	1306-1	电力电缆	m			
101306012000	1306-2	控制电缆	m			
101306013000	1306-3	通信线缆				
101306013001	-a	广播线缆	m			
101306013002	-b	电话线缆	m			
101306014000	1306-4	光缆				
101306014001	-a	光缆	m			
101306014002	-b	尾纤	m			
101306014003	-c	通信接口光缆	根			
101306015000	1306-5	线缆附属				
101306015001	-a	高压电缆终端头	个			
101306015002	-b	高压电缆中间接头	个			
101306015003	-c	高压母线	m			
101306015004	-d	低压封闭式母线桥	m			
101306015005	-e	接线盒	套			
101306015006	-f	光终端盒及附件	套			
101306016000	1306-6	缆线保护套管				
101306016001	-a	镀锌钢管	m			
101306016002	-b	塑料管	m			
101306017000	1306-7	电缆桥架	m			
101306018000	1306-8	电缆支架	kg			

表 20　第 1300 章　机电设备安装工程(续)

工程项(细)目工程量清单

工程名称:______________________　　标段:________________　　第____页　共____页

项目编码	项(细)目编号	项(细)目名称	计量单位	工程数量	综合单价(元)	合价(元)
清单　第 1300 章　机电设备安装工程 一、供配电及照明系统						
101306019000	1306-9	接地及保护设施				
101306019001	-a	接地型钢	kg			
101306019002	-b	变电所绝缘胶垫(10mm 厚)	m			
101306019003	-c	总等电位接地装置	块			
101003015000	1307	照明系统				
101003015100	1307-1	高杆照明灯	套			
101003015200	1307-2	中杆照明灯	套			
101003015300	1307-3	道路照明灯	套			
101003015400	1307-4	皮带机栈桥照明灯	套			
101003015500	1307-5	泛光照明灯	套			
101003015600	1307-6	绝缘穿刺线夹	套			
101307010000	1308	备品备件	套(个)			
清单　第 1300 章　机电设备安装工程 二、控制与监视系统						
101308010000	1309	自动控制系统设备				
101308011000	1309-1	不间断电源(UPS)	台			
101308012000	1309-2	控制柜				
101308012001	-a	电源柜	台			
101308012002	-b	主机柜	台			
101308012003	-c	程控(PLC)柜/继电器柜	台			
101308012004	-d	盘间电缆及附件	套			
101309010000	1310	现场控制箱				
101309011000	1310-1	就地 I/O 箱	台			
101308012000	1310-2	电动三通就地操作箱	台			
101310010000	1311	中央控制系统				
101309011000	1311-1	工控机	台			
101310012000	1311-2	显示器	台			

表 20　第 1300 章　机电设备安装工程(续)

工程项(细)目工程量清单

工程名称:____________　标段:____________　第____页　共____页

清单　第 1300 章　机电设备安装工程 二、控制与监视系统						
项目编码	项(细)目编号	项(细)目名称	计量单位	工程数量	综合单价(元)	合价(元)
101310013000	1311-3	管理计算机	台			
101310014000	1311-4	数据库服务器	套			
101310015000	1311-5	自动控制系统软件				
101310015001	-a	操作系统软件	套			
101310015002	-b	应用软件	套			
101310016000	1311-6	工业以太网交换机(含扩展底版)	套			
101310017000	1311-7	控制相关设施				
101310017001	-a	控制台	台			
101310017002	-b	机柜	台			
101310017003	-c	报警音箱	套			
101310017004	-d	打印机	台			
101310017005	-e	转椅	套			
101311010000	1312	工业电视系统设备				
101311011000	1312-1	摄像机				
101311011001	-a	一体化彩色枪式摄像机	套			
101311011002	-b	一体化全方位遥控摄像机	套			
101311011003	-c	固定黑白摄像机	套			
101311011004	-d	室内彩色快球	套			
101311011005	-e	支架(杆)安装	杆			
101311011006	-f	室外防护罩	套			
101311012000	1312-2	计算机				
101311012001	-a	图形计算机	套			
101311012002	-b	管理计算机	套			
101311012003	-c	工业监视器	台			
101311013000	1312-3	监控系统软件				
101311013001	-a	操作系统软件	套			
101311013002	-b	监控系统应用软件	套			
101311014000	1312-4	光端机				

表 20　第 1300 章　机电设备安装工程(续)

工程项(细)目工程量清单

工程名称:________________　标段:____________　第____页　共____页

清单　第 1300 章　机电设备安装工程 二、控制与监视系统						
项目编码	项(细)目编号	项(细)目名称	计量单位	工程数量	综合单价(元)	合价(元)
101311014001	-a	单路视频 +1 路反向控制数据光端机	对			
101311014002	-b	单路视频光端机	对			
101311015000	1312-5	配电箱	个			
101311016000	1312-6	视频控制矩阵(含控制键盘)	台			
101311017000	1312-7	硬盘录像机	台			
101311018000	1312-8	LED 显示屏	套			
101311019000	1312-9	大屏幕监视器墙				
101311019001	-a	监视器	台			
101311019002	-b	投影屏幕箱	个			
101311019003	-c	箱体	个			
101311019004	-d	机架及底座	个			
101311020000	1312-10	多屏拼接控制器	台			
101311021000	1312-11	RGB 分配器	台			
101311022000	1312-12	系统工程专用线缆	m			
101311023000	1312-13	机柜	台			
101311024000	1312-14	监视器墙及附件	套			
101312010000	1313	广播系统设备				
101312011000	1313-1	广播系统主机(软件、硬件)	套			
101312012000	1313-2	音频配线架	架			
101312013000	1313-3	数字录音系统(软件、硬件)	套			
101312014000	1313-4	广播控制台	台			
101312015000	1313-5	号角扬声器	个			
101312016000	1313-6	调度电话	台			
101312017000	1313-7	设备机架	架			
101313010000	1314	无线通信系统设备				

表20　第1300章　机电设备安装工程(续)

工程项(细)目工程量清单

工程名称:______________________________　**标段:**____________________　**第____页　共____页**

清单　第1300章　机电设备安装工程 二、控制与监控系统						
项目编码	项(细)目编号	项(细)目名称	计量单位	工程数量	综合单价(元)	合价(元)
101313011000	1314-1	集群电话控制交换中心	套			
101313012000	1314-2	维护/调度终端	台			
101313013000	1314-3	通信服务器	台			
101313014000	1314-4	以太网交换机	台			
101313015000	1314-5	基地台	台			
101313016000	1314-6	天馈系统	项			
101313017000	1314-7	手持对讲机	台			
101313018000	1314-8	车载台	台			
101313019000	1314-9	规范机柜	台			
101313020000	1314-10	备品备件	套(个)			
清单　第1300章合计　人民币____________________元						

4.3.14　第1400章　配套房屋建筑工程

工程项(细)目工程量清单的项目编码、项(细)目编号、项(细)目名称、计量单位设置,应引用DB 33/T 628.3《交通建设工程工程量清单计价规范　第3部分:航道工程》第1400章配套房屋建筑工程的内容执行。

4.3.15　第1500章　桥梁及接线工程

工程项(细)目工程量清单的项目编码、项(细)目编号、项(细)目名称、计量单位设置,应参照DB 33/T 628.1《交通建设工程工程量清单计价规范　第1部分:公路工程》的规定执行,项(细)目编号前加(QL)。

4.3.16　第1600章　航道工程

工程项(细)目工程量清单的项目编码、项(细)目编号、项(细)目名称、计量单位设置,应参照DB 33/T 628.3《交通建设工程工程量清单计价规范　第3部分:航道工程》的规定执行,项(细)目编号前加(HD)。

5　工程量清单计价

5.1　通则

5.1.1　本部分主要规定了船闸工程工程量清单的项目编码、项(细)目编号、项(细)目名称、项目特征、计量单位、工程量计算规则、计价工程内容和计量规则等内容。

5.1.2　本部分共分十六章:第100章总则、第200章土石方及填筑工程、第300章钢筋及预应力钢筋工程、第400章混凝土工程、第500章桩基工程、第600章附属设施安装工程、第700章钢结构工程、第800章砌筑工程、第900章地基处理工程、第1000章场地及场内道路、第1100章船闸设备安装工程、第1200章绿化和环境工程、第1300章机电设备安装工程、第1400章配套房屋建筑工程、第1500章桥梁及接线工程和第1600章航道工程。

5.1.3　本部分中的各项需规范的要素,应按下列规定确定:

a)项目编码按照JTS 271规则进行编写;在JTS 271中没有的项(细)目名称,项目编码参照JTS 271类似项(细)目名称的编码补充编写。

b)项(细)目编号按项(细)目所在章节、子目和项(细)目三级编写,其中,章节号为该项(细)目所在章节编号,子目号为该章节所包含的子项目顺序编号,项(细)目编号为该子目按不同性能、标号、规格等而列的项(细)目编号。当子目下不分项(细)目编号时,项(细)目编号仅由章节号和子目号两级构成,反之,则由三级构成。项(细)目编号对应方式示例:

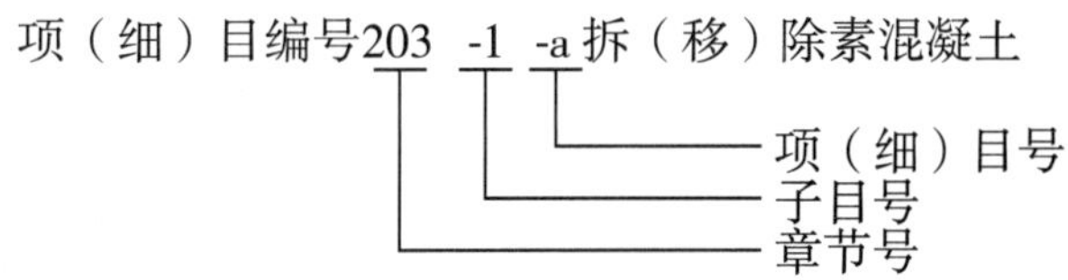

c)计量单位采用基本单位,除特殊情况另有规定项(细)目外,均按以下单位计算和计量;除另有规定外,工程量清单中计量单位应满足下列要求:

1)按长度计算的项目以"米"计;

2)按面积计算的项目以"平方米"或"平方千米"计;

3)按体积计算的项目以"立方米"或"立方分米"计;

4)按实际数量计算的项目以"千克"或"吨"计;

5)按自然计量单位计算的项目 "个""根""件""台""套""组"等计;

6)没有具体工程数量的项目以"项"计;

7)不随工程规模、数量变化而变化的项目以"总额"计,以"1"为默认数量。

d)工程量计算规则是对项(细)目工程量的计算规定,主要用于招标时工程量清单的编制,除另有说明外,项(细)目工程量均按设计图示以工程实体的净值计算。材料及半成品的采购、场外运输、场内二次转运等损耗的数量以及常规的试验、检测等消耗的数量均作为相应工程项(细)目的附属内容,不另行计算工程量。

e)计价工程内容是对完成项(细)目的主要工程或工作内容的明确,凡计价工程内容中未列明但应作为其组成内容的其他工程或工作,应作为该项(细)目的附属工作,参照招标文件和本规范相应规定或设计图纸在综合单价中综合考虑。

f)除非合同另有规定或本规范已作规定,工程量清单中有标价的综合单价或总额价均已包括了为实施和完成合同工程所需的劳务、材料、机械、质检(自检)、运输、安装、调试、缺陷修复、管理、保险(工程一切险和第三方责任险除外)、规费、税费、利润等费用,以及合同明示或暗示的所有责任、义务和一般风险。承包人用于本合同工程的各类装备的提供、运输、维护、拆卸、拼装等支付的费用,应包含在工程量清单的综合单价或总额价之中。

g)计量规则是对项(细)目相应工程内容完工后支付前的计量规定,包括计量程序和时间要求、计量工程数量的计算、计量综合单价和合价的确定原则等。

5.1.4 实行工程量清单计价招标投标的船闸工程,其招标文件、清单预算价、投标控制价、投标报价的编制、合同价款确定与调整、工程结算应按本规范执行。

5.1.5 工程量清单应采用综合单价计价,应根据规定的综合单价组成,按本规范的"计价工程内容"和设计文件确定。

5.1.6 投标控制价、清单预算价应根据本规范、招标文件中的工程量清单和有关要求、施工现场实际情况、合理可行的施工工艺和方法、市场价格信息以及交通行政主管部门发布的社会平均消耗量定额和有关计价办法编制工程量清单预算,在此基础上合理确定。

5.1.7 投标报价应根据本规范、招标文件中的工程量清单和有关要求、施工现场实际情况及拟定的施工方案或施工组织设计、市场价格信息,依据企业定额或参考交通行政主管部门发布的社会平均消耗量定额,以不低于成本价原则进行编制。

5.1.8 合同综合单价因工程量变更需调整时,除合同另有约定外,应按照下列办法确定:

a)工程量清单漏项或设计变更引起新的工程量清单项(细)目,其相应综合单价由承包人提出,按规定程序经发包人确认后作为结算的依据;

b)由于工程量清单的工程数量有误或设计变更引起的工程量增减,属合同约定幅度以内的,应执行原有的综合单价;属合同约定幅度以外的,其相应综合单价由承包人提出,按规定程序经发包人确认后作为结算的依据。

5.1.9 本规范未涉及的工程内容,可根据工程实际需要,在项目的技术规范中自行补充相应的计价规范,同时应报项目工程造价管理机构备案。

5.1.10 本规范涉及的工程施工水位及水工工程与陆域工程的界线划分,按以下方式确定:

a)当设计文件提供了明确施工水位数据时,直接采用数据;当设计文件未作明确规定时,施工水位可参照下列方式确定:有潮的地区采用工程所在地平均潮位;无潮的地区采用工程所在地施工季节的历年平均水位;

b)船闸根据工程类型和有关施工水位的规定确定;

c)水工工程与陆域工程界线的划分应根据工程部位、结构要求确定,并应以保证水工建筑物结构及各组成部分的完整性为原则;

d)水工工程应以施工水位为界,划分水上工程和水下工程。

5.2 第100章 总则

5.2.1 一般规定

5.2.1.1 本章为船闸工程中的总则,主要包括通则、工程管理、临时工程与设施、承包人驻地建设(含标准化工地建设)、第三方检测费和施工通航管理维护费等内容。

5.2.1.2 通则分工程一切险和第三方责任险。工程一切险是为永久工程、临时工程和设备及已运至施工工地用于永久工程的材料和设备所投的保险。第三方责任险是对因实施本合同工程而造成的财产(本工程除外)的损失和损害或人员(发包人和承包人雇员除外)的死亡或伤残所负责任进行的保险。保险费率按议定保险合同费率办理(保险期限应至竣工验收为止),根据保单额度(如承包人因开具发票而发生的税金,则加上该税金)予以计量,当保单中的工程一切险和第三方责任险二险合一而难以分开时,可根据实际总额合理分摊。

5.2.1.3 竣工文件费是承包人对承建工程,按交通运输部发布的《航道工程竣工验收办法》及其他有关规定的要求,编制竣工图表、资料所需的费用。

5.2.1.4 安全生产费是承包人在施工过程中采取安全保护措施,以保护现场施工、监理人员及公众的生命、健康、安全及方便所需的费用。为完善安全措施,规范安全管理,强化安全意识,该部分费用应作为单独计价内容,可根据工程规模大小或安全措施需要,以清单第100章(不含工程一切险、第三方责任险和施工安全生产费本身)至____章(1600章)合计金额不少于1.5%计列。

5.2.1.5 施工环境保护费是承包人在施工过程中采取预防和消除环境污染措施所需的费用。

5.2.1.6 临时道路、码头、栈桥、围堰、导航和助航设施是承包人为实施与完成工程建设所必须修建的设施,包括工程竣工后的拆除与恢复。

5.2.1.7 临时用地费是承包人为完成工程建设,临时占用土地的租用费。临时用地费已包含临时占地恢复费,临时占地退还前,承包人应负责恢复到临时用地使用前的状况。未经审批的占地和超过批准的占地使用时间所发生的一切费用和责任由承包人承担。

5.2.1.8 临时供电设施、电信设施费是承包人为完成工程建设所需要的临时电力、电信设施的提供、架设、维修与拆除的费用,不包括使用费。

5.2.1.9 供水与排污设施是承包人在实施和维修本工程期间提供、安装、维修、保养、管理以及拆除全部施工和生活用水设施、排污(污水、废水、垃圾等)设施,以及保证施工用水要求和按国家规定的生活饮用水规范持续不断地供水所需费用。

5.2.1.10 工地预制场(厂)建设是指承包人为工程建设必须临时修建的预制场(厂),包括工程竣工后的拆除与恢复。

5.2.1.11 承包人驻地建设费(含标准化工地建设)是指承包人为工程建设必须临时修建的承包人住房、办公房、加工车间、仓库、试验室和必要的供水、卫生、消防设施的费用与建设项目规模相匹配的标准化工地建设。

5.2.1.12 工程第三方检测费是依据工程施工、监测、实际数量控制和评价等需要而所需的第三方独立检测费用,由招标人根据项目实际需要按项(细)目分,以暂估价形式计列。

5.2.1.13 测量工程第三方检测费是依据工程施工、监测、质量控制和评价等需要而所需的第三方独立检测费用,由招标人根据项目实际需要估列一个总额,以暂估价形式计列。

5.2.1.14 施工通航管理维护费依据工程施工和评价等需要而所需费用,由招标人根据项目实际需要估列一个总额,以暂估价形式计列。

5.2.2 计价规则

工程量清单项(细)目设置、工程量计算规则、计价工程内容及计量规则,应按表21的规定执行。

表21 总则

项目编码	项(细)目编号			项(细)目名称	项目特征	计量单位	工程量计算规则	计价工程内容	计量规则
	章节	子目	细目						
	101			通则					
100100103000		1		保险费					
100100103001			a	按合同条款规定,提供建筑工程一切险(含税)	工程一切险	总额	以工程量清单第100章(不含工程一切险和第三方责任险的保险费)至____章(1600章)的合计金额 A 为基数,乘上招标文件规定的保险费率 $R\%$ 和税率 $T\%$ 计算总额,即 $A \times R\%(1+T\%)$	按招标文件规定内容	根据保险公司的保单实际额度为基础,计算含税的金额计量

表 21 总则(续)

项目编码	项(细)目编号			项(细)目名称	项目特征	计量单位	工程量计算规则	计价工程内容	计量规则
	章节	子目	细目						
100100103002			b	按合同条款规定,提供第三方责任险(含税)	第三方责任险	总额	按招标文件规定的投保金额,乘上保险费率及事故次数计算总额	按招标文件规定内容	根据保险公司的保单实际额度为基础,计算含税的金额计量
	102			工程管理					
100100115000		1		竣工文件	1. 规定; 2. 文件资料; 3. 图表; 4. 记录、积累、编制、归档	总额	按工程规模和规定要求计算总额	1. 记录文件资料(含各项原始记录、施工记录等); 2. 积累、保存和复印(制); 3. 按规定编制和提交	按总额分交(竣)工验收合格后计量
100100104000		2		安全生产费	1. 施工期; 2. 安全生产措施	总额	按第 100 章(不含工程一切险、第三方责任险和施工安全生产费本身)至____章(1600 章)清单合计金额不少于 1.5% 的某一约定百分率计算总额	1. 一般的安全防护措施; 2. 防火灭火器具配置; 3. 危险品与放射物品保护; 4. 专职安全人员配备; 5. 有关设备的维护、安全标志设置等	根据《浙江省公路水运建设工程安全生产费用管理规定》,以每月所需计划,按照清单按月计量
100100105000		3		施工环境保护费	1. 施工期; 2. 环保措施和要求	总额	按规定要求和环保措施等计算总额	1. 施工场地硬化; 2. 控制扬尘; 3. 降低噪声; 4. 施工水土保持; 5. 合理排污等一切与施工环保有关的作业	每 1/3 工期计量总额的 30%,交工证书签发后,再计量余下的 10%

表 21　总则(续)

项目编码	项(细)目编号			项(细)目名称	项目特征	计量单位	工程量计算规则	计价工程内容	计量规则
	章节	子目	细目						
	103			临时工程与设施					
		1		临时道路、码头、临时栈桥和围堰修建、养护与拆除(包括原道路和码头的养护)	1. 临时; 2. 类型; 3. 使用性质; 4. 规模; 5. 使用期	总额	按规定要求、交通状况、工程规模需要和施工组织等计算总额	1. 为工程建设过程中需修建的相应临时道路桥涵、码头、栈桥和围堰及与此相关的安全设施的修建养护; 2. 相应的原有道路、桥梁、栈桥(平台)、码头的养护和交通维护; 3. 拆除清理	相应临时工程完工后分期计量,其中,所报总额的80%连续4次等额计量;所报总额中余下的20%,待拆除并恢复原状后计量
100100107000			a	临时道路修建、养护与拆除(包括原道路的养护)					
100100112000			b	临时码头修建、养护与拆除(包括原码头的养护)					
100100117000			c	临时栈桥(平台)修建、养护与拆除					
100100118000			d	临时围堰修建与拆除					
100100119000		2		临时导航与助航设施					
100100111000		3		临时用地	1. 临时; 2. 类型; 3. 性质; 4. 使用期	总额	按工程规模需要和施工组织及规定要求等计算总额	1. 承包人办公和生活用地; 2. 仓库与料场用地; 3. 预制及堆场场地; 4. 借(弃)土场地及临时堆土场; 5. 工地试验室用地; 6. 临时道路用地、临时水域、滩(涂)等占地; 7. 用地退还前恢复到使用前状况	临时工程用地计划报经相关单位和部门批准后分期计量。其中,合价的80%以连续4次等额计量;余下的20%,待交工证书颁发后计量

表 21 总则(续)

项目编码	项(细)目编号			项(细)目名称	项目特征	计量单位	工程量计算规则	计价工程内容	计量规则
	章节	子目	细目						
100100108000		4		临时供电设施架设、拆除、维修	1. 临时; 2. 规模; 3. 使用期	总额	按规定要求、工程规模需要和施工组织等计算总额	1. 实施工程的电网电供应与分配所需设备的安装、连接、操作等; 2. 工程需要的发电机组等后备电源配备、连接、操作及燃料供应等; 3. 建立临时供配电系统向供电部门缴纳有关费用; 4. 供配电系统的维修和维护; 5. 发电设备的维修和维护; 6. 发电与供配电系统设备拆除	设施架设完成后分期计量,其中,所报总额的 80% 以连续 4 次等额计量;所报总额中余下的 20%,待拆除并恢复原状后计量
100100110000		5		电信设施的提供、维修与拆除	1. 临时; 2. 类型; 3. 规格; 4. 使用期	总额	按规定要求、工程需要和施工组织等计算总额	1. 电话、传真、网络等电信设施的修建、连接、安装和维修; 2. 电信费用的缴纳; 3. 电信设施的拆除	设施提供完成后分期计量,其中,所报总额的 80% 以连续 4 次等额计量;所报总额中余下的 20%,待拆除并恢复原状后计量
100100109000		6		供水与排污设施	1. 临时; 2. 类型; 3. 规格; 4. 使用期	总额	按规定要求、施工和生活需要、施工组织等计算总额	1. 施工和生活用水设施的提供、安装和保养; 2. 施工和生活排污设施的提供、安装、维修和管理; 3. 临时供水和排污设施的拆除	设施建成完工后分期计量,其中,所报总额的 80% 以连续 4 次等额计量;所报总额中余下的 20%,待拆除并恢复原状后计量

表 21　总则(续)

项目编码	项(细)目编号			项(细)目名称	项目特征	计量单位	工程量计算规则	计价工程内容	计量规则
	章节	子目	细目						
100100113000		7		工地预制场(厂)建设	1. 临时; 2. 类型; 3. 规模; 4. 性质; 5. 使用期	总额	按规定要求、施工组织等计算总额	1. 工地预制场(厂)建设与管理; 2. 工地预制场(厂)机械设备设施的提供、安装和保养; 3. 车间与工作场地、仓库、料场及拌和场建设与管理; 4. 完工后的拆除	设施完工后分期计量,其中,所报总额的 80% 以连续 4 次等额计量;所报总额中余下的 20%,待拆除并恢复原状后计量
	104			承包人驻地建设(含标准化工地建设)					
100100120000		1		承包人驻地建设(含标准化工地建设)	1. 临时; 2. 类型; 3. 规模; 4. 性质; 5. 使用期	总额	按施工和生活需要、施工组织及标准化工地建设的规定和要求计算总额	1. 承包人办公室、住房及生活区建设与管理; 2. 信息化设施的安装与拆除; 3. 工地试验室建设与管理; 4. 医疗卫生的提供与消防设施的配置; 5. 驻地设施的维护与完工后的全部拆迁	驻地建设完成,经监理人现场核实后分期计量,其中,所报总额的 80% 连续 4 次等额计量;所报总额中余下的 20%,待驻地建设移走和清除后计量
	105			第三方检测费					
100100121000		1		工程实际数量第三方检测费按项(细)目分(暂估价)	1. 规定; 2. 委托检测; 3. 实际数量控制	总额	按工程规模和检测要求第三方检测的需要、检测方案等估列总额	1. 第三方进退场及驻地; 2. 第三方全过程独立检测设施制作、设备安装、调试、维护,检测、验算、复核; 3. 提交报告	按规定要求独立检测,根据实际发生额度(检测协议约定额度)分期计量,其中,额度的 45% 在检测中期计量,额度的 55% 在检测完成并核准检测报告后计量

表21　总则(续)

项目编码	项(细)目编号			项(细)目名称	项目特征	计量单位	工程量计算规则	计价工程内容	计量规则
	章节	子目	细目						
100100122000		2		测量工程第三方检测费(暂估价)	1. 规定； 2. 委托检测； 3. 实际数量控制	总额	按工程规模和测量要求第三方检测的需要、检测方案等估列总额	1. 第三方进退场及驻地； 2. 第三方全过程独立检测设施制作、设备安装、调试、维护，检测、验算、复核； 3. 提交报告	按规定要求独立检测，根据实际发生额度(检测协议约定额度)分期计量，其中，额度的45%在检测中期计量，额度的55%在检测完成并核准检测报告后计量
100100123000	106			施工通航管理维护费(暂估价)	1. 临时； 2. 类型； 3. 使用性质； 4. 规模； 5. 使用期	总额	按规定要求、交通状况、工程规模需要和施工组织等计算总额	1. 搭建、拆除临时设施； 2. 施工通航维护与管理	分期计量所报总额的80%以4次等额计量；所报总额中余下的20%，待拆除并恢复原状后计量

5.3　第200章　土石方及填筑工程

5.3.1　一般规定

5.3.1.1　本章为船闸工程中的土石方及填筑工程，主要包括船闸范围内的清理与挖除、拆除或移除、陆上土方开挖、陆上石方开挖、水下基槽土方开挖、水下石方基槽开挖、疏浚、测量工程、垫层填筑、棱体块石、倒滤层、基床填筑、块石填筑、堤身、堤脚及护坡填筑、构筑物后回填、构筑物内填筑、场地及道路填筑等内容。

5.3.1.2　土类、岩石级别划分应符合现行行业有关规范的规定，并应区分不同级别分别计算工程量。

5.3.1.3　水下挖泥土质类别的划分按表22确定。

表22　水下挖泥土质类别

土质类别	名称或特征	规范贯入击数 N	液性指数 I_L
Ⅰ	淤泥、淤泥混砂、软塑黏土、可塑亚黏土、可塑亚砂土、可塑黏土	$N \leq 8$	$I_L \leq 1.5$
Ⅱ	砂、硬塑亚黏土、硬塑亚砂土、硬塑黏土	$N \leq 14$	$I_L \leq 0.25$
Ⅲ	坚硬的黏土、砂夹卵石、坚硬亚砂土、坚硬亚黏土	$N \leq 30$	$I_L < 0$
Ⅳ	强风化岩、铁板砂、胶结的卵石和砾石	$N > 30$	
注：Ⅰ、Ⅱ类土以液性指数为主要判别规范。			

5.3.1.4 土石方开挖工程量应按设计图纸计算净量,除监理人另有指示,凡超过图纸或监理人规定尺寸的开挖,均不予计量。

5.3.1.5 陆上地槽、地坑土方开挖后如需原土回填,则必要的原土回填和压(夯)实的工作为辅助工作,不另行计量。

5.3.1.6 按设计图纸计算铺填工程量时,不应扣除预埋件和面积在 $0.2m^2$ 以内的孔洞所占的体积。

5.3.1.7 陆上填方的边坡应采用设计文件提供的数值,当设计未提供边坡值时,按表 23 确定。

表 23　边坡系数表

<table>
<tr><th rowspan="2">序号</th><th rowspan="2">土 的 种 类</th><th colspan="2">临 时 填 方</th><th colspan="2">永 久 填 方</th></tr>
<tr><th>填方高度(m)</th><th>边坡系数</th><th>填方高度(m)</th><th>边坡系数</th></tr>
<tr><td>1</td><td>黏土、亚黏土、泥灰岩土、亚砂土、细砂</td><td>≤8</td><td>1:1.25</td><td>≤6</td><td>1:1.5</td></tr>
<tr><td>2</td><td>黄土、类黄土</td><td>≤6</td><td>1:1.50</td><td>≤6</td><td>1:1.5</td></tr>
<tr><td>3</td><td>中砂、粗砂</td><td>≤12</td><td>1:1.25</td><td>≤10</td><td>1:1.5</td></tr>
<tr><td>4</td><td>砾石、碎石土</td><td>≤12</td><td>1:1.25</td><td>≤12</td><td>1:1.5</td></tr>
<tr><td>5</td><td>易风化的岩石</td><td>—</td><td>—</td><td>≤12</td><td>1:1.5</td></tr>
<tr><td>6</td><td>轻微风化的、尺寸在 25cm 以内的石料</td><td>≤6</td><td>1:0.75</td><td>≤6
6 ~ 12</td><td>1:1.33
1:1.5</td></tr>
<tr><td>7</td><td>轻微风化的、尺寸大于 25cm 石料,边坡选用最大石块,分类整齐铺砌</td><td>≤5</td><td>1:0.5</td><td>≤12</td><td>1:1.0</td></tr>
<tr><td>8</td><td>轻微风化的、尺寸大于 40cm 的石料,其边坡分排整齐,紧密铺砌</td><td>—</td><td>—</td><td><5
5 ~ 10
>10</td><td>1:0.5
1:0.65
1:1.0</td></tr>
</table>

5.3.1.8 坡度陡于 1:2.5 的陆上坡面土方开挖,应按岸坡土方开挖计算。

5.3.1.9 槽底开挖宽度在 3m 以内且槽长大于 3 倍槽宽的陆上开挖工程按地槽土方开挖计算。

5.3.1.10 不满足第 5.3.1.9 条规定且坑底面积在 $20m^2$ 以内的陆上开挖工程,应按地坑土方开挖计算。

5.3.1.11 除岸坡、地槽、地坑以外的陆上土方开挖工程应按一般土方开挖计算。

5.3.1.12 平均高差超过 0.30m 的陆上土方工程,应按土方挖填以体积计算工程量。反之,应按场地清理与平整以面积计算工程量。

5.3.1.13 夹有孤石的土方开挖,大于 $0.7m^3$ 的孤石应按石方开挖计算。

5.3.1.14 开挖地槽、地坑应按设计图纸计算工程量。当设计文件未提供放坡系数时,按表 24 确定。

表 24　放坡系数表

土 质 类 别	挖深(m)	系　　数
Ⅰ类、Ⅱ类	≥1.20	1:0.33 ~ 1:0.75
Ⅲ类	≥1.50	1:0.25 ~ 1:0.67
Ⅳ类	≥2.00	1:0.10 ~ 1:0.33

注 1: 挖深指槽、坑上口自然地面至槽、坑底面的垂直高度。

注 2: 地槽、地坑中土质类别不同时,应分别按其挖深、放坡系数,依不同土质厚度加权平均计算。

注 3: 计算放坡时,在交接处的重复工程量不予扣除。

5.3.1.15 土方开挖各类槽、坑的计算长度应根据自然地面起伏状况划分成若干段，每段长度一般不宜大于10m。

5.3.1.16 土石方开挖工作面内的临时排水沟开挖、临时修坡、铲坡、清除草皮、临时交通安全设施等工作，都为土石方开挖的辅助工作，不另行计量。

5.3.1.17 陆上石方工程沟槽底宽在7m以内，且长度大于三倍宽度按沟槽石方开挖计算。

5.3.1.18 陆上石方工程不满足第5.3.1.17条规定且底面积小于200m^2，深度小于坑底短边长度或直径按基坑石方开挖计算。

5.3.1.19 除沟槽、基坑、洞室以外的陆上石方开挖应按一般石方开挖计算。

5.3.1.20 沟槽石方开挖、基坑石方开挖应按设计图纸计算工程量，当设计文件未提供放坡系数时，可按表25确定。

表25　放坡系数表

岩石类别	风化程度	开挖深度(h)			
		h≤4m	4＜h≤8m	8＜h≤12m	12＜h≤15m
硬质岩石（Ⅹ级～ⅩⅢ级）	微风化	1:0.10	1:0.20	1:0.30	1:0.35
硬质岩石（Ⅹ级～ⅩⅢ级）	中等风化	1:0.20	1:0.35	1:0.45	1:0.50
	强风化	1:0.35	1:0.50	1:0.65	1:0.75
软质岩石（Ⅴ级～Ⅸ级）	微风化	1:0.35	1:0.50	1:0.65	1:0.75
	中等风化	1:0.50	1:0.75	1:0.90	1:1.00
	强风化	1:0.75	1:1.00	1:1.15	1:1.25

5.3.1.21 水下挖泥水深应按施工水位与设计挖槽底高程之差扣除平均泥层厚度之半确定。

5.3.1.22 引航道、船闸疏浚岩土的分类分级应根据疏浚岩土的勘察报告和岩土试验报告确定，并应符合现行行业有关规范的规定。

5.3.1.23 引航道、船闸疏浚挖泥工程量应按设计图纸计算净量，因挖泥超宽、超深增加的工程数量在规范允许范围内的，以竣前图、竣后图监理确认的实际施工工程量，其费用按合同综合单价计算合价后计量。

5.3.1.24 对于有自然回淤的施工区域，施工期至发包人评定的时间段内回淤量在规范允许范围内的，以竣前图、竣后图监理确认的实际施工工程量，其费用按合同综合单价计算合价后计量。

5.3.1.25 招标人应在招标文件中需明确疏浚土方工程量计算方法。常用的方法有断面面积法、平均水深法、方格网法和回淤量法。

5.3.1.26 水下坡度陡于1:2.5的坡面土方开挖，应按水下岸坡挖泥计算。

5.3.1.27 水下土方工程沟槽底宽在7m以内，且长度大于3倍宽度按水下基槽挖泥计算。

5.3.1.28 测量工程的工程量，应按设计图示区域、图比要求，按面积计算。

5.3.1.29 水下抛填工程应计入原土沉降增加的工程量。

5.3.1.30 水下抛填水深应按施工水位与设计挖槽底高程之差加上基床厚度之半确定。

5.3.1.31 基床整平、理坡和夯实的费用已综合在相应工程的综合单价中，不另行计量。其范围应按设计文件确定。

5.3.1.32 土工织物的搭接长度应包含在综合单价中，不另行计量。

5.3.2 计价规则

工程量清单项（细）目设置、工程量计算规则、计价工程内容及计量规则，应按表26的规定执行。

表 26　土石方及填筑工程

项目编码	项(细)目编号			项(细)目名称	项目特征	计量单位	工程量计算规则	计价工程内容	计量规则
	章节	子目	细目						
	201			清理与挖除					
101100016000	201	1		清理障碍物					
101100016001			a	清理障碍物(障碍物名称)	1. 名称与种类; 2. 规模; 3. 运距	m^3(项)	根据设计图表所示的障碍物的体积计算,若不易计算体积也可用项为单位计列	1. 工程范围内障碍物拆挖; 2. 废料运输及堆放	按实际完成并经验收后按合同综合单价计算合价后计量
101100016002			b	水下清理块石	1. 规模; 2. 运距	m^3	根据设计图表所示的水下块石体积计算	1. 工程范围内水下块石清除; 2. 运输及堆放	按实际完成并经验收后现场实测水下清理块石体积按合同综合单价计算合价后计量
100501005000		2		场地清理与平整	1. 表土厚度; 2. 规模; 3. 运距	m^3	根据设计图表所示的范围(不含临时工程用地和借土场),以现场实测平面投影面积计算	1. 工程范围内垃圾、石头、废料的清除; 2. 灌木、竹林及胸径小于20cm的树木砍伐及挖除; 3. 原地面以下30cm内的草皮、农作物根系和表土清除; 4. 平均起伏高差小于30cm陆上场地平整; 5. 废料运输及堆放	按实际完成并经验收后现场实测清理和平整的平面投影面积计算数量,按合同综合单价计算合价后计量
101100019000		3		伐树及挖树根	1. 数量; 2. 运距	棵	按设计图表所示的用地范围,以胸径(离地面1.3m高处的直径)不小于20cm的树木棵数累计计算	1. 砍树、截锯、挖根; 2. 装卸、运输、堆放; 3. 坑穴平整	按实际完成并经验收后以实际用地范围内树木砍伐挖根棵数计算数量,按合同综合单价计算合价后计量

表 26 土石方及填筑工程(续)

项目编码	项(细)目编号			项(细)目名称	项目特征	计量单位	工程量计算规则	计价工程内容	计量规则
	章节	子目	细目						
	202			拆除或移除					
101100012000	202	1		拆除混凝土及钢筋混凝土					
101100012001			a	拆(移)除素混凝土	1. 拆(移)除名称部位; 2. 规格数量; 3. 清运距离; 4. 废弃程度	m^3	根据设计图表所示的范围内,以拆(移)结构体积计算	1. 拆除前妥善处置原有道路桥梁、排水、管线等相关内容; 2. 不同结构物(含必要的地下部分内容)的挖除、装卸、运输和定点堆放; 3. 挖除后坑穴的回填并压实	按实际完成并经验收后拆(移)体积计算数量,按合同综合单价计算合价后计量
101100012002			b	拆(移)除钢筋混凝土					
101100013000		2		拆除土(石)堤	1. 堤材料、结构形式部位; 2. 规格数量; 3. 运距; 4. 水深	m^3	根据设计图表所示的范围内,以拆除土(石)堤体积计算	1. 拆除前妥善处置原有水利防洪设施及管线等相关内容; 2. 不同结构物(含必要的地下部分内容)的挖除、装卸、运输和定点堆放	按实际完成并经验收后拆除土(石)堤体积计算数量,按合同综合单价计算合价后计量
101100014000		3		拆除土(石)围堰	1. 围堰材料、结构形式、部位; 2. 规格数量; 3. 运距; 4. 水深	m^3	根据设计图表所示的范围内,以拆除原有土(石)围堰体积计算,不包括作为施工临时工程的新建围堰的体积	1. 拆除前妥善处置原有水利防洪设施及管线等相关内容; 2. 不同结构物(含必要的地下部分内容)的挖除、装卸、运输和定点堆放	按实际完成并经验收后拆除原有土(石)围堰体积(不含作为临时工程的新建围堰体积)计算数量,按合同综合单价计算合价后计量

表 26 土石方及填筑工程(续)

项目编码	项(细)目编号			项(细)目名称	项目特征	计量单位	工程量计算规则	计价工程内容	计量规则
	章节	子目	细目						
101100015000		4		拆除砌体	1. 砌体类型、材料、结构形式、部位; 2. 规格数量; 3. 运距	m^3	根据设计图表所示的范围内,以拆除砌体体积计算	1. 拆除前妥善处置原有水利防洪设施及管线等相关内容; 2. 不同结构物(含必要的地下部分内容)的挖除、装卸、运输和定点堆放	按实际完成并经验收后拆除砌体体积计算数量,按合同综合单价计算合价后计量
	203			陆上土方开挖					
100501002000		1		地槽土方开挖	1. 土类; 2. 地槽尺寸; 3. 运距	m^3	按设计图提供或所示,槽底开挖宽度在3m以内,且槽长大于3倍槽宽的土方开挖,以设计开挖天然密实体积计算。	1. 挖除前妥善处置原有道路桥梁、水利防洪设施及管线等相关内容; 2. 挖土、就近堆放,制作及安拆挡土板,修整边坡及底面; 3. 必要的原土回填夯实; 4. 装卸、运输和定点堆土	按实际完成并经验收后按地槽中线长度乘以核实后的横断面面积进行计算,以实际完成并验收后的体积为计算数量,按合同综合单价计算合价后计量
100501003000		2		地坑土方开挖	1. 土类; 2. 地坑尺寸; 3. 运距	m^3	按设计图提供或所示,槽底开挖宽度大于3m,槽长小于3倍槽宽,且坑底面积在$20m^2$以内的土方开挖,以设计开挖天然密实体积计算。	1. 挖除前妥善处置原有道路桥梁、水利防洪设施及管线等相关内容; 2. 挖土、就近堆放,制作及安拆挡土板,修整边坡及底面; 3. 必要的原土回填夯实; 4. 装卸、运输和定点堆土	按实际完成并经验收后的挖地坑体积为计算数量,按合同综合单价计算合价后计量

表 26 土石方及填筑工程(续)

项目编码	项(细)目编号			项(细)目名称	项目特征	计量单位	工程量计算规则	计价工程内容	计量规则
	章节	子目	细目						
100501004000		3		岸坡土方开挖	1. 土类; 2. 岸坡高度; 3. 坡度; 4. 运距	m^3	按设计图提供或所示,坡度陡于1:2.5的坡面土方开挖,以设计开挖天然密实体积计算	1. 挖除前妥善处置原有道路桥梁、水利防洪设施及管线等相关内容; 2. 挖土、就近堆放,制作及安拆挡土板,修整边坡及底面; 3. 装卸、运输和定点堆土	按实际完成并经验收后的岸坡挖除体积为计算数量,按合同综合单价计算合价后计量
100501001000		4		一般土方(除地槽、地坑、岸坡之外)开挖	1. 土类; 2. 挖深; 3. 运距	m^3	根据设计图表所示的范围内,除了地槽、地坑、岸坡外的施工难度不大的土方开挖,以设计开挖天然密实体积计算	1. 挖除前妥善处置原有道路桥梁、水利防洪设施及管线等相关内容; 2. 挖土、就近堆放,制作及安拆挡土板,修整边坡及底面; 3. 装卸、运输和定点堆土	按实际完成并经验收后一般土方挖除施工的体积为计算数量,按合同综合单价计算合价后计量
	204			陆上石方开挖					
100501010000		1		基坑石方开挖	1. 岩石类别; 2. 上口断面; 3. 开挖深度; 4. 基坑尺寸; 5. 运距	m^3	按设计图提供或所示,底宽大于7m,长度小于3倍宽度的,且底面积小于$200m^2$,深度小于坑底短边长度或直径的石方开挖,以设计开挖天然密实体积计算	1. 挖除前妥善处置原有道路桥梁、水利防洪设施及管线等相关内容; 2. 钻孔、爆破、撬移、解小、翻渣、清石; 3. 装卸、运输和定点堆放	按实际完成并经验收后的基坑石方体积为计算数量,按合同综合单价计算合价后计量

表26　土石方及填筑工程(续)

项目编码	项(细)目编号			项(细)目名称	项目特征	计量单位	工程量计算规则	计价工程内容	计量规则
	章节	子目	细目						
100501011000		2		沟槽石方开挖	1. 岩石类别; 2. 沟槽底宽; 3. 开挖深度; 4. 运距	m^3	按设计图提供或所示,槽底开挖宽度≤7m,且槽长大于3倍槽宽的石方开挖,以设计开挖天然密实体积计算	1. 挖除前妥善处置原有道路桥梁、水利防洪设施及管线等相关内容; 2. 钻孔、爆破、撬移、解小、翻渣、清石; 3. 装卸、运输和定点堆放	按实际开挖并经验收后的沟槽石方体积为计算数量,按合同综合单价计算合价后计量
100501009000		3		一般石方(除基坑、沟槽之外)开挖	1. 岩石级别; 2. 开挖尺寸; 3. 运距	m^3	按设计图提供或所示,除基坑、沟槽开挖外的施工难度一般石方开挖,以设计开挖天然密实体积计算	1. 挖除前妥善处置原有道路桥梁、水利防洪设施及管线等相关内容; 2. 钻孔、爆破、撬移、解小、翻渣、清石; 3. 装卸、运输和定点堆放	按实际完成并经验收后的一般石方开挖体积为计算数量,按合同综合单价计算合价后计量
	205			水下土方基槽开挖					
100502001000		1		基槽挖泥	1. 土类; 2. 水深; 3. 运距	m^3	按设计图提供或所示,以设计开挖天然密实体积计算,不计超宽、超深引起的工程量	1. 移船定位; 2. 安放、移动排泥管; 3. 定点排放或运输、装卸到指定或认可地点	按实际完成并经验收后的基槽挖泥体积为计算数量,按合同综合单价计算合价后计量
100502002000		2		基槽清淤	1. 土类; 2. 水深; 3. 排泥距离	m^3	按设计图提供或所示,以设计开挖淤泥体积计算,不计超宽、超深和引起的工程量	1. 移船定位; 2. 安放、移动排泥管; 3. 定点排放或运输、装卸到指定或认可地点	按实际完成并经验收后的基槽清淤体积为计算数量,按合同综合单价计算合价后计量

表 26　土石方及填筑工程(续)

项目编码	项(细)目编号			项(细)目名称	项目特征	计量单位	工程量计算规则	计价工程内容	计量规则
	章节	子目	细目						
	206			水下石方基槽开挖					
100502003000		1		水下石方爆破开挖基槽	1. 岩石级别类; 2. 爆破层平均厚度; 3. 宽度; 4. 水深; 5. 运距	m^3	按设计图提供或所示,开挖基槽水下石方以设计开挖天然密实体积计算	1. 移船定位; 2. 钻孔、装药、爆破; 3. 装、运、卸到指定或认可地点	按实际完成并经验收后的基槽水下石方开挖体积为计算数量,按合同综合单价计算合价后计量;超宽、超深和回淤工程量在规范允许范围内的,以竣前图、竣后图监理确认的实际施工工程量,按合同综合单价计算合价后计量
100502004000		2		水下一般炸礁	1. 岩石级别; 2. 爆破层平均厚度; 3. 水深; 4. 运距	m^3	按设计图提供或所示,水下一般炸礁以设计开挖天然密实体积计算	1. 移船定位; 2. 钻孔、装药、爆破; 3. 装、运、卸到指定或认可地点	按实际完成并经验收后的水下一般炸礁体积为计算数量,按合同综合单价计算合价后计量;超宽、超深和回淤工程量在规范允许范围内的,以竣前图、竣后图监理确认的实际施工工程量,按合同综合单价计算合价后计量
	207			疏浚					
100200007000		1		引航道疏浚(按土质、运距分)	1. 工程性质(基建性或维护性); 2. 工况级别、土质级别及相对密度; 3. 挖泥平均水深、泥层厚度; 4. 泥土处理方式(外抛或吹填)、运距、排泥距离	m^3	按设计图提供或所示,以船闸中线长度乘以设计开挖断面面积计算的天然密实体积计算	1. 移船定位; 2. 测量、挖泥、运输; 3. 卸(吹)泥到指定或认可地点; 4. 回淤沉积物清除	按实际完成并经验收后的设计体积为计算数量,按合同综合单价计算合价后计量;超宽、超深和回淤工程量在规范允许范围内的,以竣前图、竣后图监理确认的实际施工工程量,按合同综合单价计算合价后计量

表 26　土石方及填筑工程(续)

项目编码	项(细)目编号			项(细)目名称	项目特征	计量单位	工程量计算规则	计价工程内容	计量规则
	章节	子目	细目						
100200008000		2		船闸疏浚(按土质、运距分)	1. 工程性质(基建性或维护性); 2. 工况级别、土质级别及相对密度; 3. 挖泥平均水深、泥层厚度; 4. 泥土处理方式(外抛或吹填)、运距、排泥距离	m^3	按设计图提供或所示,以船闸中线长度乘以设计开挖断面面积计算的天然密实体积计算	1. 移船定位; 2. 测量、挖泥、运输; 3. 卸(吹)泥到指定或认可地点; 4. 回淤沉积物清除	按实际完成并经验收后的设计体积为计算数量,按合同综合单价计算合价后计量。超宽、超深和回淤工程量在规范允许范围内的,以竣前图、竣后图监理确认的实际施工工程量,按合同综合单价计算合价后计量
	208			测量工程					
100300004000		1		引航道水深测量	1. 测量范围及水深; 2. 测量方式(单波束或多波束等); 3. 图比、自然条件及困难类别等	km^2	按设计图提供或所示,以船闸测量面积计算	1. 水深测量; 2. 内业整理; 3. 报告图表编绘	按实际完成并经验收后的设计面积为依据计算实际数量,按合同综合单价计算合价后计量
100300005000		2		船闸水深测量	1. 测量范围及水深; 2. 测量方式(单波束或多波束等); 3. 图比、自然条件及困难类别等	km^2	按设计图提供或所示,以船闸测量面积计算	1. 水深测量; 2. 内业整理; 3. 报告图表编绘	按实际完成并经验收后的设计面积为依据计算实际数量,按合同综合单价计算合价后计量
	209			垫层填筑					
100503001000		1		填筑砂垫层	1. 填筑部位、铺筑厚度、压实度; 2. 材料规格、运距	m^2	按设计图提供或所示,以砂垫层填筑体积计算	1. 材料运输; 2. 填筑、整平; 3. 碾压	按实际完成并经验收后的设计体积为依据计算实际数量,按合同综合单价计算合价后计量

表 26　土石方及填筑工程(续)

项目编码	项(细)目编号			项(细)目名称	项目特征	计量单位	工程量计算规则	计价工程内容	计量规则
	章节	子目	细目						
100503002000		2		填筑砂夹卵石垫层	1. 填筑部位、铺筑厚度、压实度; 2. 材料规格、运距	m^3	按设计图提供或所示,以设计填筑体积计算	1. 材料运输; 2. 填筑、整平; 3. 碾压	按实际完成并经验收后的设计体积为依据计算实际数量,按合同综合单价计算合价后计量
100503003000		3		填筑碎(卵)石垫层	1. 填筑部位、铺筑厚度、压实度; 2. 材料规格、运距	m^3	按设计图提供或所示,以设计填筑体积计算	1. 材料运输; 2. 填筑、整平; 3. 碾压	按实际完成并经验收后的设计体积为依据计算实际数量,按合同综合单价计算合价后计量
100503004000		4		填筑块石垫层	1. 填筑部位、铺筑厚度、压实度; 2. 材料规格、运距	m^3	按设计图提供或所示,以设计填筑体积计算	1. 材料运输; 2. 填筑、整平; 3. 碾压	按实际完成并经验收后的设计体积为依据计算实际数量,按合同综合单价计算合价后计量
100503005000		5		填筑二片石垫层					
100503049000		6		水泥稳定碎石垫层					
100503050000		7		土工织物垫层	1. 土工织物名称; 2. 材料规格(每平方米实际数量)、指标	m^2	按设计图提供或所示,以设计铺设的净面积(不计按规范要求搭接卷边部分面积)计算	1. 铺设; 2. 搭接与锚固	按实际完成并经验收后的设计铺设的净面积(不计按规范要求搭接卷边部分面积)为依据计算实际数量,按合同综合单价计算合价后计量
100503018000	210			棱体块石					
100503018100			1	陆上抛填块石	1. 块石规格; 2. 填筑要求	m^3	按设计图提供或所示,以设计陆上抛填块石体积计算	1. 运输; 2. 填筑、整平、理坡等	按实际完成并经验收后的设计体积为依据计算实际数量,按合同综合单价计算合价后计量

表 26 土石方及填筑工程(续)

项目编码	项(细)目编号			项(细)目名称	项目特征	计量单位	工程量计算规则	计价工程内容	计量规则
	章节	子目	细目						
100503018200		2		水下抛填块石	1. 块石规格; 2. 填筑要求; 3. 水深	m^3	按设计图提供或所示,以设计水下抛填块石体积计算	1. 运输; 2. 抛填、整平、理坡等	按实际完成并经验收后的设计体积为依据计算实际数量,按合同综合单价计算合价后计量
	211			倒滤层					
100503051000		1		碎石倒滤层	1. 填筑要求; 2. 结构部位	m^3	按设计图提供或所示,以设计填筑体积计算	1. 运输; 2. 填筑、整平、理坡等	按实际完成并经验收后的设计体积为依据计算实际数量,按合同综合单价计算合价后计量
100503052000		2		粗砂倒滤层					
100503053000		3		土工织物	1. 土工织物名称; 2. 材料规格(每平方米实际数量)、指标	m^2	按设计图提供或所示,以设计铺设的净面积(不计按规范要求搭接卷边部分面积)计算	1. 铺设; 2. 搭接与锚固	按实际完成并经验收后的设计铺设的净面积(不计按规范要求搭接卷边部分面积)为依据计算实际数量,按合同综合单价计算合价后计量
	212			基床填筑					
100503020000		1		填筑连续基床块石	1. 块石规格; 2. 水深; 3. 基床分层厚度、夯实要求	m^3	按设计图提供或所示,以设计填筑体积计算	1. 运输、抛填; 2. 整平、理坡、夯实	按实际完成并经验收后的设计填筑体积为依据计算实际数量,按合同综合单价计算合价后计量
100503021000		2		填筑独立基床块石	1. 块石规格; 2. 水深; 3. 基床分层厚度、夯实要求	m^3	按设计图提供或所示,以设计填筑体积计算	1. 运输、抛填; 2. 整平、理坡、夯实	
100503022000		3		填筑基床砂	1. 填砂规格; 2. 水深; 3. 基床分层厚度、振冲要求	m^3	按设计图提供或所示,以设计填筑体积计算	1. 运输、抛填; 2. 振冲、整平	

表 26 土石方及填筑工程(续)

项目编码	项(细)目编号			项(细)目名称	项目特征	计量单位	工程量计算规则	计价工程内容	计量规则
	章节	子目	细目						
	213			块石填筑					
100503023000		1		填筑护坦、护坡、护脚块石	1. 块石规格; 2. 水深	m^3	按设计图提供或所示,以设计填筑体积计算	1. 运输、抛填; 2. 整平、理坡	按实际完成并经验收后的设计填筑体积为依据计算实际数量,按合同综合单价计算合价后计量
	214			堤身、堤脚及护坡填筑					
100503031000		1		填筑土(石)堤、围堰堤身	1. 材料品种规格; 2. 夯实要求	m^3	按设计图提供或所示,以设计填筑体积计算	1. 挖运; 2. 填(堆)筑; 3. 夯实	按实际完成并经验收后的设计填筑体积为依据计算实际数量,按合同综合单价计算合价后计量
100503032000		2		填筑土(石)堤、围堰护坡	材料品种规格	m^3	按设计图提供或所示,以设计填筑体积计算	1. 挖运; 2. 填(堆)筑	
100503033000		3		竹笼块石护坡、护脚	1. 石笼规格; 2. 安放位置	m^3	按设计图提供或所示,以设计填筑体积计算	1. 运输、卸石; 2. 编笼、充填、封口; 3. 安放	
100503034000		4		金属笼块石护坡、护脚	1. 金属笼规格; 2. 安放位置	m^3	按设计图提供或所示,以设计填筑体积计算	1. 运输、卸石; 2. 充填、封口; 3. 安放; 4. 不含制作金属笼	
	215			构筑物后回填					
100503037000		1		填砂	1. 填筑材料; 2. 材料规格及要求; 3. 填筑部位及要求	m^3	按设计图提供或所示,以设计填筑体积计算	1. 运输、填筑; 2. 整平、压实	按实际完成并经验收后的设计填筑体积为依据计算实际数量,按合同综合单价计算合价后计量
100503054000		2		填土[碎石、块(片)石……]	1. 填筑材料; 2. 材料规格及要求; 3. 填筑部位及要求	m^3	按设计图提供或所示,以设计填筑体积计算	1. 运输、填筑; 2. 整平、压实	按实际完成并经验收后的设计填筑体积为依据计算实际数量,按合同综合单价计算合价后计量

表 26　土石方及填筑工程(续)

项目编码	项(细)目编号			项(细)目名称	项目特征	计量单位	工程量计算规则	计价工程内容	计量规则
	章节	子目	细目						
	216			构筑物内填筑					
100503038000		1		构筑物内填砂	1.填料品种规格; 2.振实要求	m^3	按设计图提供或所示,以设计充填体积计算	1.运输、抛填; 2.振实	按实际完成并经验收后的设计充填体积为依据计算实际数量,按合同综合单价计算合价后计量
100503039000		2		构筑物内填碎石	填料品种规格	m^3	按设计图提供或所示,以设计填筑体积计算	1.运输; 2.抛填	按实际完成并经验收后的设计填筑体积为依据计算实际数量,按合同综合单价计算合价后计量
100503040000		3		构筑物内填块(片)石					
100503041000		4		构筑物内填砂石					
	217			场地及道路填筑					
100503044000		1		场地填砂	1.材料规格; 2.压实度要求	m^3	按设计图提供或所示,以设计填筑体积计算	1.运输、铺填; 2.整平、碾压	按实际完成并经验收后的设计填筑体积为依据计算实际数量,按合同综合单价计算合价后计量
100503045000		2		场地填土					
100503055000		3		铺筑宕渣					
100503056000		4		铺筑碎石					
100503057000		5		铺筑粉煤灰					

5.4　第300章　钢筋及预应力钢筋工程

5.4.1　一般规定

5.4.1.1　本章为船闸工程中的钢筋及预应力钢筋工程,主要包括钢筋、预应力钢材、现浇混凝土钢筋网片、预制混凝土钢筋网片、锚杆、预应力锚索和板桩钢拉杆等内容。其中,钢筋(钢筋骨架)用的铁丝、钢板、套筒(连接套)、焊接、钢筋垫块或其他固定钢筋的材料,以及钢筋的防(除)锈、截取、套丝、弯曲、场内运输、安装等,作为钢筋工程的附属工作,不另行计量。

5.4.1.2　钢筋与预应力钢筋工程量除了5.4.1.1、5.4.1.4、5.4.1.5和5.4.1.6规定不另行计量外,按设计图纸所示和钢筋列表所列的数量进行计算与计量。

5.4.1.3　(预应力)混凝土中所含的(预应力)钢材在本章计量,预制构件的计量与预制构件的钢筋、预应力钢筋加工制作计量保持同步。

5.4.1.4　预应力钢材包括先张法预应力钢材、后张法预应力钢材、预应力锚索等的供应、试验、储存、加工及安装等有关作业,预应力钢材的加工、锚具、管道、护套、支架、锚板及联结钢板、张拉、压浆、封锚等,作为预应力钢材的附属工作,不另行计量。

5.4.1.5　除设计图纸所示或监理人另有认可外,钢筋及预应力钢筋工程中的搭接钢筋、灌注桩钢筋笼悬吊钢筋等作为附属工作,在工程综合单价中考虑,不另行计量。

5.4.1.6　本章所列工程项目涉及的钢筋加工场地建设、养护、拆除与恢复、工作平台、支架、脚手架的搭设及拆除、模板的安装及拆除、运输及吊装设备等,均包括在相应工程项(细)目内,不另行计量。

5.4.2 计价规则

工程量清单项(细)目设置、工程量计算规则、计价工程内容及计量规则,应按表27的规定执行。

表27 钢筋及预应力钢筋工程

项目编码	项(细)目编号			项(细)目名称	项目特征	计量单位	工程量计算规则	计价工程内容	计量规则
	章节	子目	细目						
	301			钢筋					
100801008000		1		灌注桩钢筋					
100801008001			a	光圆钢筋(HPB300)	1.材料规格; 2.强度等级	t	按设计图所示及钢筋表所列,以设计各规格钢筋的净长度计算实际数量	1.制作; 2.安装	按实际完成并经验收后的设计各规格钢筋的净长度数量为依据计算实际数量,按合同综合单价计算合价后计量
100801008002			b	带肋钢筋(HRB400)					
100801009000		2		预制桩钢筋					
100801009001			a	方桩光圆钢筋(HPB300)	1.材料规格; 2.强度等级	t	按设计图所示及钢筋表所列,以设计各规格钢筋的净长度计算实际数量	1.制作; 2.安装	按实际完成并经验收后的设计各规格钢筋的净长度为依据计算实际数量,按合同综合单价计算合价后计量
100801009002			b	方桩带肋钢筋(HRB400)					
100801002000		3		预制混凝土钢筋					
100801002001			a	光圆钢筋(HPB300)	1.材料规格; 2.强度等级	t	按设计图所示及钢筋表所列,以设计各规格钢筋的净长度计算实际数量	1.制作; 2.安装	按实际完成并经验收后的设计各规格钢筋的净长度为依据计算实际数量,按合同综合单价计算合价后计量
100801002002			b	带肋钢筋(HRB400)					
100801001000		4		现浇混凝土钢筋					
100801001001			a	光圆钢筋(HPB300)	1.材料规格; 2.强度等级	t	按设计图所示及钢筋表所列,以设计各规格钢筋的净长度计算实际数量	1.制作; 2.安装	按实际完成并经验收后的设计各规格钢筋的净长度为依据计算实际数量,按合同综合单价计算合价后计量
100801001002			b	带肋钢筋(HRB400)					

表 27　钢筋及预应力钢筋工程(续)

项目编码	项(细)目编号			项(细)目名称	项目特征	计量单位	工程量计算规则	计价工程内容	计量规则
	章节	子目	细目						
100801010000		5		防腐涂层钢筋					
100801001001			a	环氧涂层钢筋	1. 材料规格; 2. 强度等级	t	按设计图所示及钢筋表所列,以设计各规格钢筋的净长度计算实际数量	1. 制作; 2. 安装	按实际完成并经验收后的设计各规格钢筋的净长度为依据计算实际数量,按合同综合单价计算合价后计量
100801011000		6		化学植筋	1. 材料规格; 2. 强度等级	t	按设计图所示及钢筋表所列,以设计各规格钢筋的净长度计算实际数量	1. 制作; 2. 安装	按实际完成并经验收后的设计各规格钢筋的净长度为依据计算实际数量,按合同综合单价计算合价后计量
	302			预应力钢材					
		1		先张法预应力钢材					
100802001000			a	先张法预应力钢筋	1. 材料规格; 2. 强度等级	t	以设计构件的长度计算实际数量(埋入混凝土中的实际长度计算,不计工作长度)	1. 制作安装预应力钢材; 2. 制作安装管道; 3. 张拉、放张	以设计构件长度相应实际数量(埋入混凝土中的实际长度计算,不计工作长度)为依据计算实际数量,按合同综合单价计算合价后计量
100802005000			b	先张法预应力钢丝					
100802006000			c	先张法预应力钢绞线					
		2		后张法预应力钢材					
100802002000			a	后张法预应力钢筋	1. 材料规格; 2. 强度等级	t	以设计构件两端锚具间的理论长度计算实际数量(不计工作长度)	1. 制作安装预应力管道; 2. 制作安装预应力钢材; 3. 安装锚具、锚板; 4. 张拉; 5. 压浆、封锚	以设计构件两端锚具间理论长度相应实际数量(不计工作长度)为依据计算实际数量,按合同综合单价计算合价后计量
100802003000			b	后张法预应力钢丝					
100802004000			c	后张法预应力钢绞线					

表 27 钢筋及预应力钢筋工程(续)

项目编码	项(细)目编号			项(细)目名称	项目特征	计量单位	工程量计算规则	计价工程内容	计量规则
	章节	子目	细目						
100801003000	303			现浇混凝土钢筋网片	1. 材料规格; 2. 强度等级	t	按设计图所示及钢筋网表所列的钢筋网净实际数量计算	1. 制作; 2. 安装	按实际完成并经验收后的设计钢筋网片的净实际数量为依据计算实际数量,按合同综合单价计算合价后计量
100801004000	304			预制混凝土钢筋网片	1. 材料规格; 2. 强度等级	t	按设计图所示及钢筋网表所列的钢筋网净实际数量计算	1. 制作; 2. 安装	按实际完成并经验收后的设计钢筋网片的净实际数量为依据计算实际数量,按合同综合单价计算合价后计量
101100009000	305			锚杆(按直径分)	1. 材料规格; 2. 强度等级; 3. 直径	t	按设计图所示及锚杆表所列,以设计各规格锚杆的净长度计算实际数量	1. 锚孔钻孔、清孔; 2. 锚杆制作、安装; 3. 注浆; 4. 抗拔力试验	按实际完成并经验收后的设计各规格锚杆的净长度实际数量为依据计算实际数量,按合同综合单价计算合价后计量
101100010000	306			预应力锚索(按地质、长度分)	1. 材料规格; 2. 强度等级; 3. 地质、长度	m	按设计图所示及锚索表所列,以设计各规格锚索的净长度计算	1. 场地清理; 2. 钻孔、清孔及锚索制作安装(含护套); 3. 张拉、注浆; 4. 锚固、封端	按实际完成并经验收后的设计各规格锚索的净长度为依据计算实际数量,按合同综合单价计算合价后计量

表 27 钢筋及预应力钢筋工程(续)

项目编码	项(细)目编号			项(细)目名称	项目特征	计量单位	工程量计算规则	计价工程内容	计量规则
	章节	子目	细目						
101100022000	307			板桩钢拉杆	1. 材料规格; 2. 强度等级; 3. 直径、长度	m	按设计图所示及钢拉杆表所列,以设计各规格钢拉杆的净长度计算	1. 制作; 2. 安装	按实际完成并经验收后的设计各规格钢拉杆的净长度实际数量为依据计算实际数量,按合同综合单价计算合价后计量

注 1:预制桩钢筋子目中仅列方桩钢筋,其他预制桩钢筋综合在桩基章节相应项(细)目中。
注 2:预制混凝土钢筋列除预制方桩外的钢筋。
注 3:管桩在 500 章中已经包含了预应力钢材,在 302-1 和 302-2 中不再计列预应力钢材工程量。

5.5 第 400 章 混凝土工程

5.5.1 一般规定

5.5.1.1 本章为船闸工程中混凝土工程,主要包括现浇结构混凝土、预制结构混凝土等内容。

5.5.1.2 本章所列工程项目涉及场地清理、吊装设备、支架、工作平台、脚手架的搭设及拆除、模板安装及拆除和混凝土养护等作为混凝土的附属工作,不另行计量。

5.5.1.3 混凝土拌和场(站)、预制场、储料场的建设、拆除和恢复在 100 章临时工程与设施中计列,预应力张拉台座的设置及拆除,混凝土预制构件的安装架设设备拼装、移运、拆除和为安装所需的临时性的固定扣件、钢板、焊接和螺栓等,均作为各项相应混凝土工作的附属工作,不另行计量。

5.5.1.4 本章各项(细)目混凝土工作内容是按常规的施工工艺编写,如果该混凝土处于施工水位以下,需采用围堰等施工方案,应根据施工方案将相关临时设施费用综合到综合单价中,相关的围堰或支架等临时设施作为附属工作,不另行计量。

5.5.1.5 混凝土冷却管中的注浆不单独计量。

5.5.1.6 本章项目特征中混凝土种类可根据设计为普通混凝土、外加剂混凝土、块石混凝土及片石混凝土等。

5.5.1.7 混凝土和砂浆中的所掺的外加剂(如早强剂、缓凝剂等)以及钢纤维的费用在综合单价中考虑,不另行计量。

5.5.1.8 混凝土及钢筋混凝土的工程量应根据设计图纸、浇筑部位及混凝土强度、抗冻、抗渗等级以体积分别计列。混凝土包含材料供应、拌和、支架、立模、浇筑、拆模、修整、养生和实际数量要求等有关作业。其中,不应扣除混凝土中钢筋、铁件、螺栓孔、锚固件、管道、泄水孔、三角条、吊孔盒、马腿盒所占体积和单孔面积在 $0.2m^2$ 以内的孔洞所占体积。

5.5.1.9 为完成结构物所用的施工缝连接钢筋、预制构件的预埋钢板、防护角钢或钢板、脚手架或支架及模板、排水设施、防水处理、混凝土养护、混凝土表面修整及为完成结构物的其他杂项项(细)目,以及混凝土预制构件的安装架设设备拼接、移运、拆除和为安装所需的临时性或永久性的固定扣件、钢板、焊接、螺栓等,均作为各项相应混凝土工程的附属工作,不另行计量。

5.5.1.10 混凝土的计价工作内容包括混凝土试块的制作、试验,但不包括设计另行要求的压载试验。

5.5.1.11 （预应力）混凝土中所含的（预应力）钢筋在300章或500章管桩另行计量，预制构件的计量与预制构件的钢筋、预应力钢筋加工制作计量保持同步。

5.5.1.12 若预制构件安装采用橡胶垫块等，则应在其他章节中计量。

5.5.1.13 预制构件安装所用砂浆作为构件的附属工作，费用含在综合单价中，不另行计量。

5.5.1.14 空心板的封头板的费用应包括在合同综合单价中，工程量不予计量。

5.5.2 计价规则

工程量清单项（细）目设置、工程量计算规则、计价工程内容及计量规则，应按表28的规定执行。

表28 混凝土工程

项目编码	项（细）目编号			项（细）目名称	项目特征	计量单位	工程量计算规则	计价工程内容	计量规则
	章节	子目	细目						
	401			现浇结构混凝土					
		1		闸首结构混凝土					
100702078000			a	垫层混凝土（按强度等级分）	1.断面尺寸； 2.浇筑部位； 3.混凝土种类和强度等级	m^3	以设计结构混凝土体积计算	1.模板制作、组拼、安装、拆除； 2.混凝土拌制、运输、浇筑； 3.养护	按实际完成并经验收后的设计结构混凝土体积为依据计算实际数量，按合同综合单价计算合价后计量
100702079000			b	底板混凝土（按强度等级分）	1.断面尺寸； 2.浇筑部位； 3.混凝土种类（普通混凝土或块石、片石混凝土）和强度等级	m^3	以设计结构混凝土体积计算	1.模板制作、组拼、安装、拆除； 2.封底混凝土拌制、运输、浇筑； 3.混凝土拌制、运输、浇筑； 4.养护	按实际完成并经验收后的设计结构混凝土体积为依据计算实际数量，按合同综合单价计算合价后计量
100702045000			c	边墩混凝土（按强度等级分）	1.断面尺寸； 2.浇筑部位； 3.模袋规格； 4.混凝土强度等级	m^3	以设计结构混凝土体积计算	1.定位 ； 2.混凝土拌制、运输、灌注； 3.模袋运输、敷设、封口、安放、整平	按实际完成并经验收后的设计混凝土体积为依据计算实际数量，按合同综合单价计算合价后计量
100702080000			d	梁柱混凝土（按强度等级分）	1.断面尺寸； 2.浇筑部位； 3.混凝土种类和强度等级	m^3	以设计结构混凝土体积计算	1.支架及模板制作、组拼、安装、拆除； 2.混凝土拌制、运输、浇筑； 3.养护	按实际完成并经验收后的设计结构混凝土体积为依据计算实际数量，按合同综合单价计算合价后计量

表 28　混凝土工程(续)

项目编码	项(细)目编号			项(细)目名称	项目特征	计量单位	工程量计算规则	计价工程内容	计量规则
	章节	子目	细目						
100702081000			e	宽缝混凝土(按强度等级分)	1. 断面尺寸; 2. 浇筑部位; 3. 混凝土种类和强度等级	m^3	以设计结构混凝土体积计算	1. 模板制作、组拼、安装、拆除; 2. 混凝土拌制、运输、浇筑; 3. 养护	按实际完成并经验收后的设计结构混凝土体积为依据计算实际数量,按合同综合单价计算合价后计量
100702082000			f	消能槛混凝土(按强度等级分)	1. 断面尺寸; 2. 浇筑部位; 3. 混凝土种类和强度等级	m^3	以设计结构混凝土体积计算	1. 模板制作、组拼、安装、拆除; 2. 混凝土拌制、运输、浇筑、磨面; 3. 养护	按实际完成并经验收后的设计结构混凝土体积为依据计算实际数量,按合同综合单价计算合价后计量
100702083000			g	消能格栅混凝土(按强度等级分)					
100702072000			h	二期混凝土(按强度等级分)	1. 断面尺寸; 2. 浇筑部位; 3. 混凝土种类和强度等级	m^3	以设计结构混凝土体积计算	1. 模板制作、组拼、安装、拆除; 2. 混凝土拌制、运输、浇筑; 3. 养护	按实际完成并经验收后的设计结构混凝土体积为依据计算实际数量,按合同综合单价计算合价后计量
		2		闸室结构混凝土					
100702084000			a	垫层混凝土(按强度等级分)	1. 断面尺寸; 2. 浇筑部位; 3. 混凝土种类和强度等级	m^3	以设计结构混凝土体积计算	1. 模板制作、组拼、安装、拆除; 2. 混凝土拌制、运输、浇筑; 3. 养护	按实际完成并经验收后的设计结构混凝土体积为依据计算实际数量,按合同综合单价计算合价后计量
100702085000			b	底板混凝土(按强度等级分)	1. 断面尺寸; 2. 浇筑部位; 3. 混凝土种类和强度等级	m^3	以设计结构混凝土体积计算	1. 模板制作、组拼、安装、拆除; 2. 混凝土拌制、运输、浇筑、磨面; 3. 养护	按实际完成并经验收后的设计结构混凝土体积为依据计算实际数量,按合同综合单价计算合价后计量

表 28 混凝土工程(续)

项目编码	项(细)目编号			项(细)目名称	项目特征	计量单位	工程量计算规则	计价工程内容	计量规则
	章节	子目	细目						
100702086000			c	消力池底板混凝土(按强度等级分)	1. 断面尺寸; 2. 浇筑部位; 3. 混凝土种类和强度等级	m^3	以设计结构混凝土体积计算	1. 模板制作、组拼、安装、拆除; 2. 混凝土拌制、运输、浇筑; 3. 养护	按实际完成并经验收后的设计结构混凝土体积为依据计算实际数量,按合同综合单价计算合价后计量
100702087000			d	墙身混凝土(按强度等级分)	1. 断面尺寸; 2. 浇筑部位; 3. 混凝土种类和强度等级	m^3	以设计结构混凝土体积计算	1. 模板制作、组拼、安装、拆除; 2. 混凝土拌制、运输、浇筑; 3. 养护	按实际完成并经验收后的设计结构混凝土体积为依据计算实际数量,按合同综合单价计算合价后计量
100702088000			e	胸墙混凝土(按强度等级分)	1. 断面尺寸; 2. 浇筑部位; 3. 混凝土种类和强度等级	m^3	以设计结构混凝土体积计算	1. 模板制作、组拼、安装、拆除; 2. 混凝土拌制、运输、浇筑、磨面; 3. 养护	按实际完成并经验收后的设计结构混凝土体积为依据计算实际数量,按合同综合单价计算合价后计量
100702089000			f	混凝土埂(按强度等级分)	1. 断面尺寸; 2. 浇筑部位; 3. 混凝土种类和强度等级	m^3	以设计结构混凝土体积计算	1. 模板制作、组拼、安装、拆除; 2. 混凝土拌制、运输、浇筑、磨面; 3. 养护	按实际完成并经验收后的设计结构混凝土体积为依据计算实际数量,按合同综合单价计算合价后计量
100702090000			g	二期混凝土(按强度等级分)					
		3		翼墙混凝土					
100702091000			a	垫层混凝土(按强度等级分)	1. 断面尺寸; 2. 浇筑部位; 3. 混凝土种类和强度等级	m^3	以设计结构混凝土体积计算	1. 模板制作、组拼、安装、拆除; 2. 混凝土拌制、运输、浇筑、磨面; 3. 养护	按实际完成并经验收后的设计结构混凝土体积为依据计算实际数量,按合同综合单价计算合价后计量

表 28　混凝土工程(续)

项目编码	项(细)目编号			项(细)目名称	项目特征	计量单位	工程量计算规则	计价工程内容	计量规则
	章节	子目	细目						
100702092000			b	底板混凝土(按强度等级分)	1.断面尺寸; 2.浇筑部位; 3.混凝土种类和强度等级	m^3	以设计结构混凝土体积计算	1.模板制作、组拼、安装、拆除; 2.混凝土拌制、运输、浇筑、磨面; 3.养护	按实际完成并经验收后的设计结构混凝土体积为依据计算实际数量,按合同综合单价计算合价后计量
100702093000			c	系船柱块体(按强度等级分)	1.断面尺寸; 2.浇筑部位; 3.混凝土种类和强度等级	m^3	以设计结构混凝土体积计算	1.模板制作、组拼、安装、拆除; 2.混凝土拌制、运输、浇筑、磨面; 3.养护	按实际完成并经验收后的设计结构混凝土体积为依据计算实际数量,按合同综合单价计算合价后计量
100702094000			d	块石混凝土(按强度等级分)	1.断面尺寸; 2.浇筑部位; 3.块石混凝土种类和强度等级; 4.块石含量或比例	m^3	以设计结构块石混凝土体积计算	1.模板制作、组拼、安装、拆除; 2.混凝土拌制、运输、浇筑、磨面; 3.块石安放; 4.养护	按实际完成并经验收后的设计结构块石混凝土体积为依据计算实际数量,按合同综合单价计算合价后计量
100702095000			e	胸墙混凝土(按强度等级分)	1.断面尺寸; 2.浇筑部位; 3.混凝土种类和强度等级	m^3	以设计结构混凝土体积计算	1.模板制作、组拼、安装、拆除; 2.混凝土拌制、运输、浇筑、磨面; 3.养护	按实际完成并经验收后的设计结构混凝土体积为依据计算实际数量,按合同综合单价计算合价后计量
100702096000			f	压顶混凝土(按强度等级分)	1.断面尺寸; 2.浇筑部位; 3.混凝土种类和强度等级	m^3	以设计结构混凝土体积计算	1.模板制作、组拼、安装、拆除; 2.混凝土拌制、运输、浇筑、磨面; 3.养护	按实际完成并经验收后的设计结构混凝土体积为依据计算实际数量,按合同综合单价计算合价后计量

表 28　混凝土工程(续)

项目编码	项(细)目编号			项(细)目名称	项目特征	计量单位	工程量计算规则	计价工程内容	计量规则
	章节	子目	细目						
		4		上、下游引航道及其他混凝土					
100702097000			a	垫层混凝土(按强度等级分)	1. 断面尺寸; 2. 浇筑部位; 3. 混凝土种类和强度等级	m^3	以设计结构混凝土体积计算	1. 模板制作、组拼、安装、拆除; 2. 混凝土拌制、运输、浇筑、磨面; 3. 养护	按实际完成并经验收后的设计结构混凝土体积为依据计算实际数量,按合同综合单价计算合价后计量
100702098000			b	底板混凝土(按强度等级分)	1. 断面尺寸; 2. 浇筑部位; 3. 混凝土种类和强度等级	m^3	以设计结构混凝土体积计算	1. 模板制作、组拼、安装、拆除; 2. 混凝土拌制、运输、浇筑、磨面; 3. 养护	按实际完成并经验收后的设计结构混凝土体积为依据计算实际数量,按合同综合单价计算合价后计量
100702099000			c	胸墙混凝土(按强度等级分)	1. 断面尺寸; 2. 浇筑部位; 3. 混凝土种类和强度等级	m^3	以设计结构混凝土体积计算	1. 模板制作、组拼、安装、拆除; 2. 混凝土拌制、运输、浇筑、磨面; 3. 养护	按实际完成并经验收后的设计结构混凝土体积为依据计算实际数量,按合同综合单价计算合价后计量
100702100000			d	挡土墙混凝土(按强度等级分)	1. 断面尺寸; 2. 浇筑部位; 3. 混凝土种类和强度等级	m^3	以设计结构混凝土体积计算	1. 模板制作、组拼、安装、拆除; 2. 混凝土拌制、运输、浇筑、磨面; 3. 养护	按实际完成并经验收后的设计结构混凝土体积为依据计算实际数量,按合同综合单价计算合价后计量
100702101000			e	压顶混凝土(按强度等级分)	1. 断面尺寸; 2. 浇筑部位; 3. 混凝土种类和强度等级	m^3	以设计结构混凝土体积计算	1. 模板制作、组拼、安装、拆除; 2. 混凝土拌制、运输、浇筑、磨面; 3. 养护	按实际完成并经验收后的设计结构混凝土体积为依据计算实际数量,按合同综合单价计算合价后计量

表 28 混凝土工程(续)

项目编码	项(细)目编号			项(细)目名称	项目特征	计量单位	工程量计算规则	计价工程内容	计量规则
	章节	子目	细目						
100702102000			f	栏杆混凝土(按强度等级分)	1. 断面尺寸; 2. 浇筑部位; 3. 混凝土种类和强度等级	m^3	以设计结构混凝土体积计算	1. 模板制作、组拼、安装、拆除; 2. 混凝土拌制、运输、浇筑、磨面; 3. 养护	按实际完成并经验收后的设计结构混凝土体积为依据计算实际数量,按合同综合单价计算合价后计量
100702103000			g	系船柱块体混凝土(按强度等级分)	1. 断面尺寸; 2. 浇筑部位; 3. 混凝土种类和强度等级	m^3	以设计结构混凝土体积计算	1. 模板制作、组拼、安装、拆除; 2. 混凝土拌制、运输、浇筑、磨面; 3. 养护	按实际完成并经验收后的设计结构混凝土体积为依据计算实际数量,按合同综合单价计算合价后计量
100702104000			h	护轮坎混凝土(按强度等级分)	1. 断面尺寸; 2. 浇筑部位; 3. 混凝土种类和强度等级	m^3	以设计结构混凝土体积计算	1. 模板制作、组拼、安装、拆除; 2. 混凝土拌制、运输、浇筑、磨面; 3. 养护	按实际完成并经验收后的设计结构混凝土体积为依据计算实际数量,按合同综合单价计算合价后计量
100702105000			i	卸荷板混凝土(按强度等级分)	1. 断面尺寸; 2. 浇筑部位; 3. 混凝土种类和强度等级	m^3	以设计结构混凝土体积计算	1. 模板制作、组拼、安装、拆除; 2. 混凝土拌制、运输、浇筑、磨面; 3. 养护	按实际完成并经验收后的设计结构混凝土体积为依据计算实际数量,按合同综合单价计算合价后计量
100702106000			j	靠船墙混凝土(按强度等级分)					
100702107000			k	导航墙混凝土(按强度等级分)					
100702108000			l	靠船墩混凝土(按强度等级分)					
100702109000			m	隔流墩混凝土(按强度等级分)					

表 28　混凝土工程(续)

项目编码	项(细)目编号			项(细)目名称	项目特征	计量单位	工程量计算规则	计价工程内容	计量规则
	章节	子目	细目						
100702110000		5		钢管桩桩芯混凝土(按强度等级分)	1. 断面尺寸; 2. 浇筑部位; 3. 混凝土种类和强度等级	m^3	以设计结构混凝土体积计算	1. 模板制作、组拼、安装、拆除; 2. 混凝土拌制、运输、浇筑、磨面; 3. 养护	按实际完成并经验收后的设计结构混凝土体积为依据计算实际数量,按合同综合单价计算合价后计量
	402			预制结构混凝土[以下项(细)目含构件安装]					
100701011000		1		空心板混凝土(按强度等级分)	1. 结构类型; 2. 单件体积; 3. 安装位置; 4. 砂浆强度; 5. 混凝土种类和强度等级	m^3	以设计结构混凝土体积计算	1. 预制场准备; 2. 构件预制 ; 3. 构件堆放; 4. 构件装车(船)、运输; 5. 构件安装	按实际完成并经验收后按设计结构混凝土体积为依据计算实际数量,按合同综合单价计算合价后分次计量,其中,合价的75%在预制完成后计量,余下的25%,在安装完成验收合格后计量
100702112000		2		块体混凝土(按强度等级分)					
100702113000		3		路缘石混凝土(按强度等级分)					
100702114000		4		混凝土连锁块(按强度等级分)					
100702115000		5		梁混凝土(按强度等级分)					
100702116000		6		板混凝土(按强度等级分)					
100702117000		7		轨道梁混凝土(按强度等级分)					

5.6 第500章 桩基工程

5.6.1 一般规定

5.6.1.1 本章为船闸工程的桩基工程，主要包括木桩、管桩、灌注桩和试验检测等。

5.6.1.2 本章管桩施工按桩体预制和沉桩两项计量。两者之间的界面划分：桩预制从预制加工各工序到加工场内运输堆放为止；沉桩从加工场堆放点以陆路或水路运输至工地现场开始到沉桩各工序完成止。

5.6.1.3 管桩、灌注桩按设计图纸所示，按设计桩长计量。设计桩长为设计桩底至设计桩顶之间的长度。对于有桩靴的打入桩，设计桩长为桩靴底至桩顶之间距离。未经监理人批准，超过设计图纸规定的桩长部分，将不予计量支付。

5.6.1.4 灌注桩包含护筒制作和埋设、钻孔、钻孔泥浆制备、清孔、混凝土拌制运输和浇筑等，以及必要时在水中临时填土筑岛、搭设工作平台等其他为完成工程的子目，作为钻孔灌注桩的附属工作，不另行计量。混凝土桩无损检测在本章中另行计量。混凝土扩孔因素在综合单价考虑，不另行计量。

5.6.1.5 混凝土取芯，按芯样长度以米为单位计量。按监理人要求作取芯检验的芯样，如混凝土检验结果合格，则钻取的芯样予以计量，否则不予以计量。

5.6.1.6 因管桩多为外购成品，为报价与计量方便，规定综合单价包含了混凝土、钢筋、预应力钢材和锚具(如有)的费用。本章除管桩的钢筋、预应力钢筋包含在500章桩基工程相应章节子目中计量外，其余桩的钢筋(预应力钢筋)均在第300章钢筋及预应力钢筋工程相应章节子目中计量。

5.6.1.7 管桩等各类桩设计如按规范图集配置的十字形钢桩尖或开口型钢桩尖的并入混凝土桩计列。

5.6.1.8 桩靴长度如小于等于50cm的，均已综合在相应的子目中，不另行计量；如桩靴长度超过50cm的，按组合桩计量。钢筋混凝土方桩综合单价包含各种类型的桩靴，桩靴不再另行计量。

5.6.1.9 试桩，如系工程用桩，则该试桩按工程桩计量支付；如果试桩、静荷载用的锚桩和基准桩不作为工程用桩，则该桩按不同桩型、桩径(或断面)、桩长分别计量。

5.6.1.10 试桩试验设备的提供、运输、安装、拆卸，试验操作、试验数据分析和提供试验报告等均为该试桩的附属工作，不另行计量。

5.6.1.11 基桩进行静载试验，按桩基以根为单位计量。

5.6.1.12 因施工原因致使桩有缺陷并报废，则该桩不予计量。有缺陷的桩，若采取补救措施，并经监理人商设计确定不影响使用，且同意验收者，成桩仍可给予计量，但因施工原因致使桩有缺陷，其补救的费用由承包人承担。

5.6.1.13 本章所列嵌岩灌注桩工作内容仅指成桩后进行嵌岩相应施工工序至整桩完成所包含的工作内容。

5.6.1.14 基础打入桩的土质级别应按表29划分，按不同地质状况组合成综合单价计量。

表29 基础打入桩土质级别划分表

<table>
<tr><th rowspan="4">类别</th><th colspan="7">土 类</th></tr>
<tr><th colspan="3">黏性土</th><th>砂性土</th><th colspan="2" rowspan="2">碎石土</th><th rowspan="2">风化岩</th></tr>
<tr><th>黏土、亚黏土</th><th colspan="2">亚砂土</th><th rowspan="2">标准贯入击数 N</th></tr>
<tr><th>液性指数 I_L</th><th colspan="2">标准贯入击数 N</th><th>角砾、圆砾</th><th>碎石、卵石</th><th>标准贯入击数 N</th></tr>
<tr><td>一</td><td>≥0.5</td><td><20</td><td><15</td><td><20</td><td>—</td><td>—</td><td>—</td></tr>
<tr><td>二</td><td><0.5</td><td>20~50</td><td>15~30</td><td>20~50</td><td>稍密、中密</td><td>稍密</td><td><50</td></tr>
<tr><td>三</td><td>≤0</td><td>>50</td><td>>30</td><td>>50</td><td>密实</td><td>中密、密实</td><td>50~80</td></tr>
<tr><td colspan="8">注1：黏性土类中的亚砂土在工程土壤级别判定时，对于 I_L 或 N 满足一个指标即可判定。
注2：黏性土中，第四纪晚更新世 Q_3 及以前沉积的黏性土(即老黏土)，当 $N>15$ 时，按三级土判定。</td></tr>
</table>

5.6.1.15 基础打入桩工程量计算与计量应满足下列要求：

a)斜度小于或等于8∶1的基桩按直桩计算；

b)斜度大于8∶1的基桩按斜桩计算。

5.6.2 计价规则

工程量清单项(细)目设置、工程量计算规则、计价工程内容及计量规则,应按表30的规定执行。

表30 桩基工程

项目编码	项(细)目编号 章节	子目	细目	项(细)目名称	项目特征	计量单位	工程量计算规则	计价工程内容	计量规则
100601010000	501			木桩(按桩长、直径分)	1.桩径； 2.桩长； 3.地质情况	m	按设计图纸所示,以设计桩长之和计算。不计临时工程的松木桩	1.松木桩制作； 2.防腐； 3.打设	按实际完成并经验收后以设计长度为依据计算实际数量,按合同综合单价计算合价后计量
	502			管桩					
100601011000		1		制作(按材料、桩径分)	1.桩径； 2.混凝土强度等级； 3.规格型号	m	按设计图纸所示,以设计桩长[有桩靴的按桩靴底,无桩靴的按桩底至桩顶长度]计算	1.钢筋骨架制作安装； 2.预应力钢材制作张拉； 3.管节预制拼装； 4.桩靴制作(如有)； 5.桩的堆存	按实际完成并经验收后以设计长度为依据计算实际数量,按合同综合单价计算合价后计量
100601012000		2		沉桩					
100601012001			a	直桩沉桩(按桩型、桩径或断面、桩长分)	1.桩型； 2.桩径(断面)； 3.桩长； 4.地质类别	根	按设计图纸所示,以设计直桩桩数量计算	1.桩的陆路或水路运输； 2.沉桩； 3.稳桩及夹桩； 4.桩头处理	按实际完成并经验收后以设计直桩桩数量为依据计算实际数量,按合同综合单价计算合价后计量
100601012002			b	斜桩沉桩(按桩型、桩径或断面、桩长分)	1.桩型； 2.桩径(断面)； 3.桩长； 4.地质类别	根	按设计图纸所示,以设计斜桩桩数量计算	1.桩的陆路或水路运输； 2.沉桩； 3.稳桩及夹桩； 4.桩头处理	按实际完成并经验收后以设计斜桩桩数量为依据计算实际数量,按合同综合单价计算合价后计量

表30 桩基工程(续)

项目编码	项(细)目编号			项(细)目名称	项目特征	计量单位	工程量计算规则	计价工程内容	计量规则
	章节	子目	细目						
100602001000	503			灌注桩					
100602001100		1		陆上非嵌岩钻孔灌注桩(按桩径分)	1. 土质类别; 2. 桩长; 3. 强度等级	m	按设计图纸所示,以设计桩长之和计算(综合单价不含钢筋等费用,在300章另计)	1. 搭拆工作平台(如有); 2. 制作、安设和拆除护筒; 3. 成孔、清孔; 4. 灌注水下混凝土; 5. 桩头处理	按实际完成并经验收后以设计桩长为依据计算实际数量,按合同综合单价计算合价后计量
100602001200		2		水中非嵌岩钻孔灌注桩(按桩径分)	1. 土质类别; 2. 桩长; 3. 强度等级	m	按设计图纸所示,以设计桩长之和计算(综合单价不含钢筋等费用另计,在300章另计)	1. 搭拆工作平台; 2. 制作、安设和拆除护筒; 3. 成孔、清孔; 4. 灌注水下混凝土; 5. 桩头处理	按实际完成并经验收后以设计桩长为依据计算实际数量,按合同综合单价计算合价后计量
100602001300		3		陆上嵌岩钻孔灌注桩(按桩径分)	1. 土质类别; 2. 桩长; 3. 强度等级	m	按设计图纸所示,以设计桩长之和计算(综合单价不含钢筋等费用另计,在300章另计)	1. 搭拆工作平台(如有); 2. 制作、安设和拆除护筒; 3. 成孔、清孔; 4. 灌注水下混凝土; 5. 桩头处理	按实际完成并经验收后以设计桩长为依据计算实际数量,按合同综合单价计算合价后计量
100602001400		4		水中嵌岩钻孔灌注桩(按桩径分)	1. 土质类别; 2. 桩长; 3. 强度等级	m	按设计图纸所示,以设计桩长之和计算(综合单价不含钢筋等费用,在300章另计)	1. 搭拆工作平台; 2. 制作、安设和拆除护筒; 3. 成孔、清孔; 4. 灌注水下混凝土; 5. 桩头处理	按实际完成并经验收后以设计桩长为依据计算实际数量,按合同综合单价计算合价后计量

表 30　桩基工程(续)

项目编码	项(细)目编号			项(细)目名称	项目特征	计量单位	工程量计算规则	计价工程内容	计量规则
	章节	子目	细目						
	504			试验检测					
100601013000		1		桩基检测					
100601013001			a	钻取混凝土芯样，直径 70mm	1. 钻取深度； 2. 芯样检查	m	根据规定的钻取频率、深度及工程实施过程中的实际需要，计算需钻取芯样的工程量	1. 钻取芯样； 2. 取样检查和试验分析(必要时)； 3. 取芯孔注浆(设计要求时)	按规定要求钻取芯样、检查、试验完成并经验收合格后，按取回的混凝土芯样的长度计算数量，按合同综合单价计算合价后计量
100601013002			b	钻取混凝土芯样，直径 100mm					
100601013003			c	低应变反射波法检测	1. 桩径桩长； 2. 落锤实际数量； 3. 无损检测	根	根据规定的检测频率及工程实施过程中的实际需要，计算需检测的工程量	1. 试验检测； 2. 数据处理和分析	按规定要求检测完成并经验收合格后，按实际检测的桩基根数计算数量，按合同综合单价计算合价后计量
100601013004			d	高应变动测法检测				1. 接桩或锚桩等施工； 2. 加载试验、数据处理和分析； 3. 卸载、桩头处理等	
100601013005			e	两测管埋设及超声波检测	1. 桩径桩长； 2. 无损检测； 3. 检测组数	m	根据规定的检测频率及工程实施过程中的实际需要，计算需检测的工程量	1. 埋设声测管(含定位钢筋)； 2. 试验检测； 3. 数据处理和分析	按规定要求检测完成并经验收合格后，按实际检测桩基的有效检测长度(设计桩顶至声测管底部间长度)计算数量，按合同综合单价计算合价后计量
100601013006			f	三测管埋设及超声波检测					
100601013007			g	四测管埋设及超声波检测					
100601014000		3		桩的检验荷载试验[以不同桩径设置工程项(细)目，按桩径从小到大依次排列]	1. 桩径桩长； 2. 加载方式； 3. 无损检测	根	根据规定的检测频率及工程实施过程中的实际需要，计算需检测的工程量	1. 试桩、锚桩、基准桩等施工； 2. 试桩平台搭拆； 3. 加载试验、数据处理和分析； 4. 卸载、桩头处理等	按规定要求检测完成并经验收合格后，按实际试验的桩基根数计算数量，按合同综合单价计算合价后计量

表30　桩基工程(续)

项目编码	项(细)目编号			项(细)目名称	项目特征	计量单位	工程量计算规则	计价工程内容	计量规则
	章节	子目	细目						
100601015000		4		桩的破坏荷载试验[以不同桩径设置工程项(细)目,按桩径从小到大依次排列]	1. 试验桩 2. 破坏检测	根	按设计图纸所示,设计根数以计算	1. 试验桩施工; 2. 接桩或锚桩等施工; 3. 加载试验、卸载、数据处理和分析	按规定要求检测完成并经验收合格后,按试验桩的实际根数计算数量,按合同综合单价计算合价后计量

5.7　第600章　附属设施安装工程

5.7.1　一般规定

5.7.1.1　本章为船闸工程中的附属设施安装工程,主要包括沉降缝、止水、伸缩缝、栏杆、系船设施、铁爬梯、钢楼梯、橡胶护舷、钢护面(舷、角)、泄水孔、预埋管道、预埋件、导航助航设施、水位观测设施、冷却管和标志标牌等。

5.7.1.2　金属栏杆按延米为单位计量,综合单价中包括锚固用的螺栓,但不包括嵌入混凝土的预埋铁件及锚筋,预埋铁件及锚筋按预埋铁件和螺栓另行计量。

5.7.2　计价规则

工程量清单项(细)目设置、工程量计算规则、计价工程内容及计量规则,应按表31的规定执行。

表31　附属设施安装工程

项目编码	项(细)目编号			项(细)目名称	项目特征	计量单位	工程量计算规则	计价工程内容	计量规则
	章节	子目	细目						
101100006000	601			沉降缝	1. 安装方式; 2. 材料品种、规格等; 3. 高度	m	以设计延米长度计算	1. 制作; 2. 安装; 3. 封口	按实际完成并经验收后以设计长度为依据计算实际数量,按合同综合单价计算合价后计量
101100007000	602			止水					
101100007100		1		铜片止水(按宽度分)	1. 规格类型; 2. 材料品种; 3. 宽度	m	以设计延米长度计算	1. 止水片剪切弯制; 2. 安装、焊接; 3. 涂沥青	按实际完成并经验收后以设计长度为依据计算实际数量,按合同综合单价计算合价后计量

表 31 附属设施安装工程(续)

项目编码	项(细)目编号			项(细)目名称	项目特征	计量单位	工程量计算规则	计价工程内容	计量规则
	章节	子目	细目						
101100007200		2		镀铜(锌)止水(按宽度分)	1.规格类型; 2.材料品种; 3.宽度	m	以设计延米长度计算	1.止水片剪切弯制; 2.安装、焊接; 3.涂沥青	按实际完成并经验收后以设计长度为依据计算实际数量,按合同综合单价计算合价后计量
101100007300		3		沥青铜(铝、铁)片止水(按材质分)	1.规格类型; 2.材料品种	m	以设计延米长度计算	1.止水片剪切弯制; 2.安装、焊接; 3.涂沥青	按实际完成并经验收后以设计长度为依据计算实际数量,按合同综合单价计算合价后计量
101100007400		4		沥青油毛毡卷止水	规格类型	m	以设计延米长度计算	1.沥青准备; 2.裁制油毛毡卷	按实际完成并经验收后以设计长度为依据计算实际数量,按合同综合单价计算合价后计量
101100007500		5		沥青井	1.规格; 2.尺寸	m	以设计延米长度计算	1.沥青井模板制作、安装; 2.制作、安装混凝土块; 3.填灌沥青及封口	按实际完成并经验收后以设计长度为依据计算实际数量,按合同综合单价计算合价后计量
101100007600		6		止水槽灌填沥青	1.规格; 2.尺寸	m^3	以设计灌填沥青体积计算	1.沥青准备; 2.填灌沥青	按实际完成并经验收后以设计体积为依据计算实际数量,按合同综合单价计算合价后计量
101100007700		7		塑料(橡胶)止水带(按材质分)	1.规格类型; 2.材料品种	m	以设计延米长度计算	1.止水带下料; 2.安装	按实际完成并经验收后以设计长度为依据计算实际数量,按合同综合单价计算合价后计量

表31　附属设施安装工程(续)

项目编码	项(细)目编号			项(细)目名称	项目特征	计量单位	工程量计算规则	计价工程内容	计量规则
	章节	子目	细目						
101100007800		8		环氧砂浆贴橡皮止水	1. 规格类型; 2. 材料品种	m	以设计延米长度计算	1. 环氧砂浆拌制; 2. 橡皮条安装	按实际完成并经验收后以设计长度为依据计算实际数量,按合同综合单价计算合价后计量
101100007900		9		沥青砂柱止水(按直径与配合比分)	1. 直径; 2. 配合比	m	以设计延米长度计算	1. 沥青砂拌制; 2. 浇筑	按实际完成并经验收后以设计长度为依据计算实际数量,按合同综合单价计算合价后计量
101100008000	603			伸缩缝					
101100008100		1		板式橡胶伸缩缝(按规格分)	1. 材料品种; 2. 规格	m	以设计延米长度计算	1. 购置; 2. 安装	按实际完成并经验收后以设计长度为依据计算实际数量 ,按合同综合单价计算合价后计量
101100008200		2		异型钢板伸缩缝(按规格分)	1. 材料规格; 2. 伸缩量	m	以设计长度之和计算	1. 切割和清除伸缩缝装置范围内沥青混凝土铺装及杂物; 2. 制作安装伸缩缝及橡胶止水片等; 3. 伸缩槽口混凝土浇筑(含钢筋)	按实际完成并经验收后以设计长度为依据计算实际数量 ,按合同综合单价计算合价后计量
101100008300		3		沥青油毡(按油毡层数分)	1. 规格类型; 2. 材料品种	m^2	以设计图示面积计算	1. 裁剪油毡; 2. 涂沥青; 3. 伸缩缝设置	按实际完成并经验收后以设计图示面积为依据计算实际数量,按合同综合单价计算合价后计量

表 31 附属设施安装工程(续)

项目编码	项(细)目编号			项(细)目名称	项目特征	计量单位	工程量计算规则	计价工程内容	计量规则
	章节	子目	细目						
100900019000	604			栏杆(按材质分)					
100900019100		1		不锈钢栏杆(kg/每延米)	1. 栏杆形式; 2. 钢材规格; 3. 每延米实际数量	m	以设计的长度计算	1. 基础; 2. 制作; 3. 安装	按实际完成并经验收后以设计所示的长度为依据计算实际数量,按合同综合单价计算合价后计量
100900019200		2		钢管栏杆(kg/每延米)	1. 栏杆形式; 2. 钢管规格; 3. 每延米实际数量	m	以设计的长度计算	1. 基础; 2. 制作; 3. 安装	按实际完成并经验收后以设计所示的长度为依据计算实际数量,按合同综合单价计算合价后计量
100900019300		3		防撞钢护栏	1. 材料规格; 2. 断面尺寸; 3. 涂层要求; 4. 每延米实际数量	m	以设计的沿栏杆面长度计算(含计起、终端头长度)	1. 立柱打设或安装(含特殊路段立柱基础设施); 2. 防撞钢护栏制作、安装	按实际完成并经验收后以设计指示的沿栏杆面长度(含起、终端头长度)为依据计算实际数量,按合同综合单价计算合价后计量
	605			系船设施					
101100004000		1		系船柱(按系缆力和材料分)					
101100004001			a	钢筋混凝土包钢板系船柱(按系缆力分)	1. 系缆力; 2. 混凝土强度等级	个	按设计图纸所示,以设计个数计算	1. 运输,安装; 2. 除锈防腐; 3. 浇筑混凝土; 4. 螺栓填沥青砂	按实际完成并经验收后以设计个数为依据计算实际数量,按合同综合单价计算合价后计量
101100004002			b	铸钢系船柱(按系缆力分)					
101100004003			c	铸铁系船柱(按系缆力分)					

表 31　附属设施安装工程(续)

项目编码	项(细)目编号			项(细)目名称	项目特征	计量单位	工程量计算规则	计价工程内容	计量规则
	章节	子目	细目						
101100004004			d	浮式系船柱(按材质分)	1. 结构形式; 2. 外形尺寸; 3. 材质; 4. 防腐要求	个	按设计图纸所示,以设计个数计算	1. 运输,安装; 2. 附件安装	按实际完成并经验收后以设计个数为依据计算实际数量,按合同综合单价计算合价后计量
101100011000		2		系船环					
101100023000		3		系船钩(按系缆力分)	1. 规格重量; 2. 系缆力	只	按设计图纸所示,以设计只数计算	1. 制作,安装; 2. 除锈防腐	按实际完成并经验收后以设计只数为依据计算实际数量,按合同综合单价计算合价后计量
101100024000		4		快速脱缆钩	规格型号	个	按设计图纸所示,以设计个数计算	1. 制作,安装; 2. 除锈防腐	按实际完成并经验收后以设计个数为依据计算实际数量,按合同综合单价计算合价后计量
101100025000	606			铁爬梯	1. 形式; 2. 规格	kg	按设计图纸所示,以设计实际数量计算	1. 制作、安装; 2. 除锈防腐	按实际完成并经验收后以设计实际数量为依据计算实际数量,按合同综合单价计算合价后计量
101100026000	607			钢楼梯	1. 楼梯形式; 2. 钢材规格	kg	按设计图纸所示,以设计实际数量计算	1. 制作、安装; 2. 除锈防腐	按实际完成并经验收后以设计实际数量为依据计算实际数量,按合同综合单价计算合价后计量

表 31 附属设施安装工程(续)

项目编码	项(细)目编号			项(细)目名称	项目特征	计量单位	工程量计算规则	计价工程内容	计量规则
	章节	子目	细目						
101100001000	608			橡胶护舷					
101100001100		1		D 形橡胶护舷(按规格分)	1. 护舷类型; 2. 规格; 3. 配件材料规格	m	按设计图纸所示,以设计橡胶护舷长度计算	1. 购置; 2. 运输,安装	按实际完成并经验收后以设计护舷长度(或套)为依据计算实际数量,按合同综合单价计算合价后计量
101100001200		2		拱形橡胶护舷(按规格分)					
101100001300		3		鼓形橡胶护舷(按规格分)		套	按设计图纸所示,以设计护舷套数计算		
101100001400		4		圆形橡胶护舷(按规格分)		m	按设计图纸所示,以设计橡胶护舷长度计算		
	609			钢护面(舷、角)					
101100027000		1		钢护面	1. 安装方式; 2. 护面类型规格; 3. 钢材规格	t	按设计图所示计算总实际数量	1. 购置; 2. 除锈防腐; 3. 运输; 4. 安装	按实际完成并经验收后以设计不同型式实际数量之和为依据计算实际数量,按合同综合单价计算合价后计量
101100028000		2		钢护角	1. 安装方式; 2. 护角类型规格; 3. 钢材规格	t	按设计图所示计算总实际数量	1. 购置; 2. 除锈防腐; 3. 运输; 4. 安装	按实际完成并经验收后以设计不同型式实际数量之和为依据计算实际数量,按合同综合单价计算合价后计量
101100002000		3		钢护舷	1. 安装方式; 2. 护舷类型规格; 3. 钢材规格	t	按设计图所示计算总实际数量	1. 购置; 2. 除锈防腐; 3. 运输; 4. 安装	按实际完成并经验收后以设计不同型式实际数量之和为依据计算实际数量,按合同综合单价计算合价后计量

表 31 附属设施安装工程(续)

项目编码	项(细)目编号			项(细)目名称	项目特征	计量单位	工程量计算规则	计价工程内容	计量规则
	章节	子目	细目						
101100029000	610			泄水孔(按材料、规格分)	1.材料规格; 2.断面尺寸; 3.强度等级	只	按设计图纸所示,以设计泄水孔只数计算	1.制作、安装泄水管; 2.接头及边部处理	按实际完成并经验收后以设计不同断面尺寸孔只数(水流进出口间长度)为依据计算实际数量,按合同综合单价计算合价后计量
	611			预埋管道					
101100030000		1		预埋水管(按直径分)	1.材料规格; 2.断面尺寸; 3.强度等级	m	按设计图纸所示,以设计预埋长度计算	1.管道安装; 2.接头及边部处理	按实际完成并经验收后以设计预埋长度依据计算实际数量,按合同综合单价计算合价后计量
101100031000		2		预埋电缆管(按直径分)	1.材料规格; 2.断面尺寸	m	按设计图纸所示,以设计预埋电缆管长度计算	1.管道安装、敷设(接地跨接等); 2.除锈防腐	按实际完成并经验收后以设计预埋长度依据计算实际数量为依据计算数量,按合同综合单价计算合价后计量
	612			预埋铁件和螺栓					
101100032000		1		预埋铁件	1.规格; 2.防腐; 3.材质	t	按设计图纸主材的几何尺寸计算重量,不扣除切肢、断边、不规则及面积在0.01m^2内的规则孔眼的重量	1.制作,埋设; 2.除锈防腐	按实际完成并经验收后按设计图纸完成并经验收合格设计实际数量计算数量,按合同综合单价计算合价计量
101100033000		2		预埋螺栓	1.规格; 2.防腐; 3.材质	t	按设计图纸实际数量计算	1.制作,埋设; 2.除锈防腐	按实际完成并经验收后按设计图纸完成并经验收合格设计实际数量计算数量,按合同综合单价计算合价计量

表31　附属设施安装工程(续)

项目编码	项(细)目编号			项(细)目名称	项目特征	计量单位	工程量计算规则	计价工程内容	计量规则
	章节	子目	细目						
	613			导航助航设施					
101100034000		1		灯塔(含基础等所有内容)	1.类型; 2.结构; 3.规格; 4.尺度	座	以设计灯塔数量计算	1.基础施工; 2.灯器、能源、控制设备购置、安装	按实际完成并经验收合格的灯塔,以满足功能要求的座数为依据计算数量,按合同综合单价计算合价后计量
101100035000		2		灯桩(标)					
101100035001			a	灯桩	1.类型; 2.结构; 3.规格; 4.尺寸	座	以设计灯桩数量计算	1.基础施工; 2.灯器、能源、控制设备购置、安装	按实际完成并经验收合格的灯桩,以满足功能要求的座数为依据计算数量,按合同综合单价计算合价后计量
101100035002			b	立标	1.类型; 2.结构; 3.规格; 4.尺寸	座	以设计立标座数计算	1.制作; 2.基础施工; 3.安装	按实际完成并经验收合格的立标,以满足功能要求的座数为依据计算数量,按合同综合单价计算合价后计量
	614			水位观测设施					
101100036000		1		水尺	1.类型; 2.规格	m	以设计长度计算	水尺制作、安装	按实际完成并经验收合格,以满足功能要求的水尺长度为依据计算数量,按合同综合单价计算合价后计量
101100037000		2		水位计井	1.规格; 2.材料	座	以设计座数计算	1.基础施工; 2.水位计购置、安装	按实际完成并经验收合格,以满足功能要求的水位计井数座为依据计算数量,按合同综合单价计算合价后计量

表 31 附属设施安装工程(续)

项目编码	项(细)目编号			项(细)目名称	项目特征	计量单位	工程量计算规则	计价工程内容	计量规则
	章节	子目	细目						
101100038000		3		自动水位观测计	1. 名称; 2. 类型; 3. 规格	台	以设计台数计算	1. 率定; 2. 安装; 3. 调试	按实际完成并经验收合格,以满足功能要求的台数为依据计算数量,按合同综合单价计算合价后计量
101100039000		4		渗压计	1. 名称; 2. 类型; 3. 规格	台	以设计台数计算	1. 率定; 2. 安装; 3. 调试	按实际完成并经验收合格,以满足功能要求的台数为依据计算数量,按合同综合单价计算合价后计量
101100040000		5		土压力计	1. 名称; 2. 类型; 3. 规格	台	以设计台数计算	1. 率定; 2. 安装; 3. 调试	按实际完成并经验收合格,以满足功能要求的台数为依据计算数量,按合同综合单价计算合价后计量
101100041000	615			冷却管	1. 名称; 2. 连接方式; 3. 管径	m	以设计米数计算	1. 管路敷设; 2. 支架制作安装; 3. 管道附件制作安装	按实际完成并经验收合格,以满足功能要求的米数为依据计算数量,按合同综合单价计算合价后计量
	616			标志标牌					
101100042000		1		单柱式标志标牌[以标志形式、尺寸、反光等级设置工程项(细)目]	1. 类型; 2. 结构; 3. 规格; 4. 尺寸	座	以设计标志数量计算	1. 制作; 2. 基础施工; 3. 安装	按实际完成并经验收合格的标志,以满足功能要求的座数为依据计算数量,按合同综合单价计算合价后计量

表 31　附属设施安装工程(续)

项目编码	项(细)目编号			项(细)目名称	项目特征	计量单位	工程量计算规则	计价工程内容	计量规则
	章节	子目	细目						
101100043000		2		双柱式标志标牌[以标志形式、尺寸、反光等级设置工程项(细)目]	1. 类型; 2. 结构; 3. 规格; 4. 尺寸	座	以设计标志数量计算	1. 制作; 2. 基础施工; 3. 安装	按实际完成并经验收合格的标志,以满足功能要求的座数为依据计算数量,按合同综合单价计算合价后计量
101100044000		3		门架式标志标牌[以标志形式、尺寸、反光等级设置工程项(细)目]	1. 类型; 2. 结构; 3. 规格; 4. 尺寸	座	以设计标志数量计算	1. 制作; 2. 基础施工; 3. 安装	按实际完成并经验收合格的标志,以满足功能要求的座数为依据计算数量,按合同综合单价计算合价后计量
101100045000		4		单悬臂式标志标牌[以标志形式、尺寸、反光等级设置工程项(细)目]	1. 类型; 2. 结构; 3. 规格; 4. 尺寸	座	以设计标志数量计算	1. 制作; 2. 基础施工; 3. 安装	按实际完成并经验收合格的标志,以满足功能要求的座量为依据计算数数,按合同综合单价计算合价后计量
101100046000		5		双悬臂式交通标志标牌[以标志形式、尺寸、反光等级设置工程项(细)目]	1. 类型; 2. 结构; 3. 规格; 4. 尺寸	座	以设计标志数量计算	1. 制作; 2. 基础施工; 3. 安装	按实际完成并经验收合格的标志,以满足功能要求的座数为依据计算数量,按合同综合单价计算合价后计量
101100047000		6		桥涵、构造物标志	1. 类型; 2. 结构; 3. 规格; 4. 尺寸	个	以设计标志数量计算	1. 制作; 2. 安装	按实际完成并经验收合格的标志,以满足功能要求的个数为依据计算数量,按合同综合单价计算合价后计量

表 31　附属设施安装工程(续)

项目编码	项(细)目编号			项(细)目名称	项目特征	计量单位	工程量计算规则	计价工程内容	计量规则
	章节	子目	细目						
101100048000		7		引导标志	1. 类型; 2. 结构; 3. 规格; 4. 尺寸	个	以设计标志数量计算	1. 制作; 2. 安装	按实际完成并经验收合格的标志,以满足功能要求的个数为依据计算数量,按合同综合单价计算合价后计量

5.8　第 700 章　钢结构工程

5.8.1　一般规定

5.8.1.1　本章为船闸工程中的钢结构工程,主要包括钢桥、钢平台、钢桁架桥、闸门、检修门、阀门、其他钢结构制造及安装、钢结构防腐等内容。

5.8.1.2　钢结构构件按设计图纸,以吨为单位计量。各类损耗和属于钢结构自检的费用摊入综合单价。单个面积不大于 0.01m^2 的孔眼不予以扣除。

5.8.1.3　钢桥结构附着的构件、支承、管道、托架的制作装配和保护处理按设计数量,以吨为单位合并在主体钢结构工程量中一并计量。

5.8.1.4　连接螺栓、螺母均在相应的钢结构工程量中一并计量。

5.8.1.5　本章节中未经特别说明,一般钢构件已包含除锈防腐的施工内容,清单不再计列“707 钢结构防腐”的子目。如设计采用其他防腐措施,需在招标文件及计价规范补充明确防腐的计量方法。

5.8.1.6　闸门制作工程量,应根据不同的形式、类型的实际数量,按钢结构本体、运转件等分别计算。门重应包括门体实际数量和安装于门叶上的运转支撑件的实际数量。

5.8.2　计价规则

工程量清单项(细)目设置、工程量计算规则、计价工程内容及计量规则,应按表 32 的规定执行。

表 32　钢结构工程

项目编码	项(细)目编号			项(细)目名称	项目特征	计量单位	工程量计算规则	计价工程内容	计量规则
	章节	子目	细目						
100900001000	701			钢桥					
100900001100		1		人行钢桥和连接件	1. 结构形式; 2. 钢材品种规格; 3. 单榀实际数量; 4. 防腐类型; 5. 运距	t	以设计尺寸计算实际数量	1. 下料、拼接、焊接、除锈防腐; 2. 运输; 3. 安装、校正	按实际完成并经验收后以设计实际数量为依据计算实际数量,按相应合同综合单价计算合价后计量
100900001200		2		车行钢桥					

表 32 钢结构工程(续)

项目编码	项(细)目编号			项(细)目名称	项目特征	计量单位	工程量计算规则	计价工程内容	计量规则
	章节	子目	细目						
100900024000	702			钢平台	1.结构形式; 2.钢材品种规格; 3.单榀实际数量; 4.防腐类型; 5.运距	t	以设计尺寸计算实际数量	1.下料、拼接、焊接、除锈防腐; 2.运输; 3.安装、校正	按实际完成并经验收后以设计实际数量为依据计算实际数量,按相应合同综合单价计算合价后计量
100900025000	703			钢桁架桥	1.结构形式; 2.钢材品种规格; 3.单榀实际数量; 4.防腐类型; 5.运距	t	以设计尺寸计算实际数量	1.下料、拼接、焊接、除锈防腐; 2.运输; 3.安装、校正	按实际完成并经验收后以设计数量为依据计算实际数量,按相应合同综合单价计算合价后计量
100900014000	704			闸门					
100900014100		1		制作					
100900014101			a	门体制作(按形式、类型分)	1.规格; 2.形式; 3.单件质量; 4.材质; 5.板厚; 6.机械加工要求; 7.水封形式; 8.防腐要求	t	以设计闸门实际数量计算	1.平面; 2.拼接; 3.焊接、焊缝检测; 4.预组装; 5.水封装置制作; 6.机械加工; 7.支撑制作; 8.充水阀装置制作; 9.拉杆装置制作; 10.其他附件制作; 11.总体组装验收; 12.平衡试验	按实际完成并经验收后以设计闸门实际数量为依据计算实际数量,按相应合同综合单价计算合价后计量

表 32　钢结构工程(续)

项目编码	项(细)目编号			项(细)目名称	项目特征	计量单位	工程量计算规则	计价工程内容	计量规则
	章节	子目	细目						
100900014102			b	轨道及预埋件制作	1. 规格； 2. 形式； 3. 单件质量； 4. 材质； 5. 板厚； 6. 机械加工要求； 7. 止水形式； 8. 热处理要求； 9. 防腐要求	t	以设计尺寸计算实际数量	1. 锻铸件制备； 2. 平板、划线、下料； 3. 拼接； 4. 焊接、焊缝检测； 5. 热处理； 6. 附件制作； 7. 预组装； 8. 机械加工； 9. 整体组装验收	按实际完成并经验收后以设计尺寸实际数量为依据计算实际数量，按相应合同综合单价计算合价后计量
100900014103			c	运转件制作					
100900014200		2		安装					
100900014201			a	门体安装(按形式、类型分)	1. 规格； 2. 形式； 3. 单件质量； 4. 材质； 5. 板厚； 6. 水封形式； 7. 防腐要求	t	以设计闸门实际数量计算	1. 部件吊装； 2. 门叶拼装、焊接、焊缝检测； 3. 门叶拼装、螺栓连接； 4. 主支撑装置安装； 5. 止水装置安装； 6. 侧、反支撑安装； 7. 充水阀装置安装； 8. 拉杆及其他附件安装； 9. 锁定装置安装； 10. 调试； 11. 启闭试验； 12. 检验验收	按实际完成并经验收后以设计闸门实际数量为依据计算实际数量，按相应合同综合单价计算合价后计量

表32　钢结构工程(续)

项目编码	项(细)目编号 章节	子目	细目	项(细)目名称	项目特征	计量单位	工程量计算规则	计价工程内容	计量规则
100900014202			b	轨道及预埋件安装	1. 规格; 2. 形式; 3. 单件质量; 4. 材质; 5. 板厚; 6. 止水形式; 7. 热处理要求; 8. 防腐要求	t	以设计尺寸计算实际数量	1. 测量放样; 2. 基础螺栓及锚固埋设; 3. 底坎、端坎安装; 4. 主轨、反轨、测轨、门楣、副轨安装; 5. 弧门支铰基础安装; 6. 胸墙安装; 7. 水封底板安装; 8. 护角安装; 9. 护衬安装; 10. 附件安装; 11. 检查验收	按实际完成并经验收后以设计尺寸实际数量为依据计算实际数量,按相应合同综合单价计算合价后计量
100900014203			c	运转件安装					
	705			检修门					
100900026000		1		检修门(按形式、类型分)	1. 规格; 2. 形式; 3. 材质; 4. 单件质量	榀	按设计榀数计算实际数量	1. 制作; 2. 安装	按要求安装完成,按合同单价计算合价后计量
100900027000		2		浪风环	1. 规格; 2. 形式; 3. 质量	个	按设计个数计算实际数量	1. 制作; 2. 安装	按要求安装完成,按合同单价计算合价后计量
100900028000		3		托架	1. 规格; 2. 形式; 3. 质量	kg	按设计质量计算实际数量	1. 制作; 2. 安装	按要求安装完成,按合同单价计算合价后计量
100900029000		4		门槽及预埋件	1. 规格; 2. 形式; 3. 质量	kg	按设计质量计算实际数量	1. 制作; 2. 安装	按要求安装完成,按合同单价计算合价后计量

表32 钢结构工程(续)

项目编码	项(细)目编号			项(细)目名称	项目特征	计量单位	工程量计算规则	计价工程内容	计量规则
	章节	子目	细目						
	706			阀门					
100900030000		1		制作(按形式、类型分)					
100900030001			a	阀门制作	1. 规格; 2. 形式; 3. 单件质量; 4. 材质; 5. 板厚; 6. 机械加工要求; 7. 水封形式; 8. 防腐要求	t	以设计阀门实际数量计算	1. 平面; 2. 拼接; 3. 焊接、焊缝检测; 4. 预组装; 5. 水封装置制作; 6. 机械加工; 7. 支撑制作; 8. 充水阀装置制作; 9. 拉杆装置制作; 10. 其他附件制作; 11. 总体组装验收; 12. 平衡试验	按实际完成并经验收后以设计阀门实际数量为依据计算实际数量,按相应合同综合单价计算合价后计量
100900030002			b	轨道及预埋件制作	1. 规格; 2. 形式; 3. 单件质量; 4. 材质; 5. 板厚; 6. 机械加工要求; 7. 止水形式; 8. 热处理要求; 9. 防腐要求	t	以设计尺寸计算实际数量	1. 锻铸件制备; 2. 平板、划线、下料; 3. 拼接; 4. 焊接、焊缝检测; 5. 热处理; 6. 附件制作; 7. 预组装; 8. 机械加工; 9. 整体组装验收	按实际完成并经验收后以设计尺寸实际数量为依据计算实际数量,按相应合同综合单价计算合价后计量
100900030003			c	运转件制作					

表 32　钢结构工程(续)

<table>
<tr><th rowspan="2">项目编码</th><th colspan="3">项(细)目编号</th><th rowspan="2">项(细)目名称</th><th rowspan="2">项目特征</th><th rowspan="2">计量单位</th><th rowspan="2">工程量计算规则</th><th rowspan="2">计价工程内容</th><th rowspan="2">计量规则</th></tr>
<tr><th>章节</th><th>子目</th><th>细目</th></tr>
<tr><td>100900031000</td><td></td><td>2</td><td></td><td>安装(按形式、类型分)</td><td></td><td></td><td></td><td></td><td></td></tr>
<tr><td>100900031001</td><td></td><td></td><td>a</td><td>阀门安装</td><td>1. 规格;
2. 形式;
3. 单件质量;
4. 材质;
5. 板厚;
6. 水封形式;
7. 防腐要求</td><td>t</td><td>以设计阀门实际数量计算</td><td>1. 部件吊装;
2. 门叶拼装、焊接、焊缝检测;
3. 门叶拼装、螺栓连接;
4. 主支撑装置安装;
5. 止水装置安装;
6. 侧、反支撑安装;
7. 充水阀装置安装;
8. 拉杆及其他附件安装;
9. 锁定装置安装;
10. 调试;
11. 启闭试验;
12. 检验验收</td><td>按实际完成并经验收后以设计阀门实际数量为依据计算实际数量,按相应合同综合单价计算合价后计量</td></tr>
<tr><td>100900031002</td><td></td><td></td><td>b</td><td>轨道及预埋件安装</td><td rowspan="2">1. 规格;
2. 形式;
3. 单件质量;
4. 材质;
5. 板厚;
6. 止水形式;
7. 热处理要求;
8. 防腐要求</td><td rowspan="2">t</td><td rowspan="2">以设计尺寸计算实际数量</td><td rowspan="2">1. 测量放样;
2. 基础螺栓及锚固埋设;
3. 底坎、端坎安装;
4. 主轨、反轨、测轨、门楣、副轨安装;
5. 弧门支铰基础安装;
6. 胸墙安装;
7. 水封底板安装;
8. 护角安装;
9. 护衬安装;
10. 附件安装;
11. 检查验收</td><td rowspan="2">按实际完成并经验收后以设计尺寸实际数量为依据计算实际数量,按相应合同综合单价计算合价后计量</td></tr>
<tr><td>10090031003</td><td></td><td></td><td>c</td><td>运转件安装</td></tr>
</table>

表 32　钢结构工程（续）

项目编码	项（细）目编号			项（细）目名称	项目特征	计量单位	工程量计算规则	计价工程内容	计量规则
	章节	子目	细目						
10090032000	707			其他钢结构制作及安装	1. 规格； 2. 形式； 3. 单件质量； 4. 防腐要求； 5. 运距	t	以设计质量计算实际数量	1. 下料、拼接、焊接、除锈、防腐； 2. 运输； 3. 安装、校正	按实际完成并经验收后以设计数量为依据计算实际质量，按相应合同综合单价计算合价后计量
	708			钢结构防腐（按涂层厚度、类型分）					
100900033000		1		涂料防腐	1. 除锈要求； 2. 涂料品种规格； 3. 厚度	m^2	以设计涂（喷）刷面积计算	1. 表层清洗、除锈； 2. 调配、涂（喷）防腐涂料	按实际完成并经验收后以设计的涂刷面积为依据计算实际数量，按合同综合单价计算合价后计量
100900034000		2		镀锌（铝）保护层	1. 除锈要求； 2. 镀锌厚度	m^2	以设计镀锌面积计算	1. 表层清洗、除锈； 2. 锌丝脱脂、喷镀	按实际完成并经验收后以设计的镀锌面积为依据计算实际数量，按合同综合单价计算合价后计量
100900035000		3		喷锌（铝）保护层	1. 除锈要求； 2. 喷铝厚度	m^2	以设计喷铝面积计算	1. 表层清洗、除锈； 2. 铝丝和钢丝脱脂、喷镀	按实际完成并经验收后以设计的喷铝面积为依据计算实际数量，按合同综合单价计算合价后计量

5.9　第 800 章　砌筑工程

5.9.1　一般规定

5.9.1.1　本章为船闸工程的砌筑工程，主要包括护底砌筑、护坡砌筑、挡土墙砌筑、台阶砌筑、砖砌体、浆砌预制块体等内容。

5.9.1.2　本章砌筑工程的各类砌体按强度等级分列工程项（细）目；基底处理、夯实和砌体勾缝等有关作业，均作为承包人应做的附属工作，不另行计量与支付。基础开挖、砌体垫层、基层、回填、沉降缝、伸缩缝、泄水孔设置和压顶混凝土分别在 200 章“土石方及填筑工程”、400 章“混凝土工程”和 600 章“附属设施安装工程”中计量与支付。

5.9.1.3　护坡砌筑包括浆砌块（片）石护坡、浆砌料石护坡、灌砌块（片）石挡土墙、干砌块（片）石挡土墙及其有关的施工作业。镶边石、铆钉、砂浆勾缝有关作业，均作为承包人应做的附属工作，不另行计量与支付。

5.9.1.4 挡土墙砌筑包括浆砌块石挡土墙、浆砌片石挡土墙、浆砌料石挡土墙、灌砌块(片)石护坡、干砌块(片)石护坡、干砌料石护坡及其有关的施工作业。镶边石、片石、料石、砂浆勾缝等有关作业,均作为承包人应做的附属工作,不另行计量与支付。

5.9.1.5 台阶砌筑包括浆砌块石台阶、浆砌片石台阶及其有关的施工作业。镶边石、片石等有关作业,均作为承包人应做的附属工作,不另行计量与支付。

5.9.1.6 本章项目未明确指出的工程内容,如:养护、场地清理、脚手架的搭拆、模板的安装、拆除及场地运输、原材料与砂浆强度试验检测等,均包含在相应的工程项目中,不另行计量。

5.9.2 计价规则

工程量清单项(细)目设置、工程量计算规则、计价工程内容及计量规则,应按表33的规定执行。

表33 砌筑工程

项目编码	项(细)目编号			项(细)目名称	项目特征	计量单位	工程量计算规则	计价工程内容	计量规则
	章节	子目	细目						
	801			护底砌筑					
100504027000		1		浆砌块(片)石海曼	1. 材料规格; 2. 护坡类型; 3. 断面尺寸; 4. 强度等级	m^3	以设计块(片)石砌体体积计算	1. 基底清理; 2. 砌筑、勾缝; 3. 铺设滤水层及制作安装沉降缝、伸缩缝、泄水孔	按实际完成并经验收后以设计砌体体积为依据计算实际数量,按合同综合单价计算合价后计量
100504028000		2		浆砌块(片)石护坎					
	802			护坡砌筑					
100504005000		1		浆砌块(片)石护坡(按砂浆强度等级分)	1. 材料规格; 2. 护坡类型; 3. 断面尺寸; 4. 强度等级	m^3	以设计块(片)石砌体体积计算	1. 基底清理; 2. 砌筑、勾缝; 3. 铺设滤水层及制作安装沉降缝、伸缩缝、泄水孔	按实际完成并经验收后以设计砌体体积为依据计算实际数量,按合同综合单价计算合价后计量
100504006000		2		浆砌料石护坡(按砂浆强度等级分)	1. 材料规格; 2. 护坡类型; 3. 断面尺寸; 4. 强度等级	m^3		1. 基底清理; 2. 砌筑、勾缝; 3. 铺设滤水层及制作安装沉降;缝、伸缩缝、泄水孔	按实际完成并经验收后以设计块(片)石砌体体积为依据计算实际数量,按合同综合单价计算合价后计量
100504029000		3		灌砌块(片)石护坡(按混凝土强度等级分)	1. 材料规格; 2. 护坡类型; 3. 断面尺寸; 4. 混凝土强度等级; 5. 块石、片石含量或比例	m^3	以设计块(片)石砌体体积计算	1. 基底清理; 2. 混凝土拌制和材料运输; 3. 砌筑、勾缝; 4. 铺设滤水层及制作安装沉降;缝、伸缩缝、泄水孔	按实际完成并经验收后以设计块(片)石砌体体积为依据计算实际数量,按合同综合单价计算合价后计量
100504003000		4		干砌块(片)石护坡	1. 材料规格; 2. 护坡类型; 3. 断面尺寸	m^3		1. 基底清理; 2. 砌筑	

表 33　砌筑工程(续)

<table>
<tr><th rowspan="2">项目编码</th><th colspan="3">项(细)目编号</th><th rowspan="2">项(细)目名称</th><th rowspan="2">项目特征</th><th rowspan="2">计量单位</th><th rowspan="2">工程量计算规则</th><th rowspan="2">计价工程内容</th><th rowspan="2">计量规则</th></tr>
<tr><th>章节</th><th>子目</th><th>细目</th></tr>
<tr><td>100504004000</td><td></td><td>5</td><td></td><td>干砌料石护坡</td><td>1. 材料规格;
2. 护坡类型;
3. 断面尺寸</td><td>m^3</td><td>以设计料石砌体体积计算</td><td>1. 基底清理;
2. 砌筑</td><td>按实际完成并经验收后以设计料石砌体体积为依据计算实际数量,按合同综合单价计算合价后计量</td></tr>
<tr><td></td><td>803</td><td></td><td></td><td>挡土墙砌筑</td><td></td><td></td><td></td><td></td><td></td></tr>
<tr><td>100504007000</td><td></td><td>1</td><td></td><td>浆砌块石挡土墙(按砂浆强度等级分)</td><td>1. 材料规格;
2. 挡土墙类型;
3. 断面尺寸;
4. 强度等级</td><td>m^3</td><td>以设计块石砌体体积计算</td><td rowspan="4">1. 基底清理;
2. 砂浆拌制和材料运输;
3. 砌筑、勾缝;
4. 铺设滤水层及制作安装沉降缝、伸缩缝、泄水孔</td><td>按实际完成并经验收后以设计块石砌体体积为依据计算实际数量,按合同综合单价计算合价后计量</td></tr>
<tr><td>100504030000</td><td></td><td>2</td><td></td><td>浆砌片石挡土墙(按砂浆强度等级分)</td><td>1. 材料规格;
2. 挡土墙类型;
3. 断面尺寸;
4. 强度等级</td><td>m^3</td><td>以设计片石砌体体积计算</td><td>按实际完成并经验收后以设计片石砌体体积为依据计算实际数量,按合同综合单价计算合价后计量</td></tr>
<tr><td>100504008000</td><td></td><td>3</td><td></td><td>浆砌料石挡土墙(按砂浆强度等级分)</td><td>1. 材料规格;
2. 挡土墙类型;
3. 断面尺寸;
4. 强度等级</td><td>m^3</td><td>以设计料石砌体体积计算</td><td>按实际完成并经验收后以设计料石砌体体积为依据计算实际数量,按合同综合单价计算合价后计量</td></tr>
<tr><td>100504031000</td><td></td><td>4</td><td></td><td>灌砌块(片)石挡土墙(按混凝土强度等级分)</td><td>1. 材料规格;
2. 挡土墙类型;
3. 断面尺寸;
4. 强度等级</td><td>m^3</td><td rowspan="2">以设计块(片)石砌体体积计算</td><td rowspan="2">按实际完成并经验收后以设计块(片)石砌体体积为依据计算实际数量,按合同综合单价计算合价后计量</td></tr>
<tr><td>100504032000</td><td></td><td>5</td><td></td><td>干砌块(片)石挡土墙</td><td>1. 材料规格;
2. 挡土墙类型;
3. 断面尺寸</td><td>m^3</td><td>1. 基底清理;
2. 砌筑</td></tr>
</table>

表 33 砌筑工程(续)

项目编码	项(细)目编号			项(细)目名称	项目特征	计量单位	工程量计算规则	计价工程内容	计量规则
	章节	子目	细目						
	804			台阶砌筑					
100504020000		1		浆砌块石台阶(按砂浆强度等级分)	1. 材料规格; 2. 台阶类型; 3. 断面尺寸; 4. 强度等级	m^3	以设计块石砌体体积计算	1. 基底清理; 2. 砂浆拌制和材料运输; 3. 灌砌、勾缝; 4. 铺设滤水层及制作安装沉降缝、伸缩缝、泄水孔	按实际完成并经验收后以设计块石砌体体积为依据计算实际数量,按合同综合单价计算合价后计量
100504021000		2		浆砌料石台阶(按砂浆强度等级分)	1. 材料规格; 2. 台阶类型; 3. 断面尺寸; 4. 强度等级	m^3	以设计料石砌体体积计算	1. 基底清理; 2. 砂浆拌制和材料运输; 3. 灌砌、勾缝; 4. 铺设滤水层及制作安装沉降缝、伸缩缝、泄水孔	按实际完成并经验收后以设计料石砌体体积为依据计算实际数量,按合同综合单价计算合价后计量
100504024000	805			砖砌体(按砂浆强度等级分)	1. 材料规格; 2. 砖砌体类型; 3. 断面尺寸; 4. 强度等级	m^3	以设计砖砌体体积计算	1. 基底清理; 2. 砂浆拌制和材料运输; 3. 灌砌、勾缝; 4. 铺设滤水层及制作安装沉降缝、伸缩缝、泄水孔	按实际完成并经验收后以设计砖砌体体积为依据计算实际数量,按合同综合单价计算合价后计量
100504025000	806			浆砌预制块体(按预制块强度和砂浆强度等级分)	1. 材料规格; 2. 浆砌预制块体类型; 3. 断面尺寸; 4. 强度等级	m^3	以设计预制块砌体体积计算	1. 基底清理; 2. 砂浆和预制块体制作和运输; 3. 灌砌、勾缝; 4. 铺设滤水层及制作安装沉降缝、伸缩缝、泄水孔	按实际完成并经验收后以设计预制块砌体体积为依据计算实际数量,按合同综合单价计算合价后计量

5.10 第 900 章 地基处理工程

5.10.1 一般规定

5.10.1.1 本章为船闸工程中的地基处理工程,主要包括沉降及变位监测设施、软土地基地面处理和软土地基地下处理等内容。

5.10.1.2 沉降及变位观测设施由沉降监测、位移监测和测斜设施组成,按设施的数量以套为单位计量。

5.10.1.3 抛石挤淤按抛填块(片)石体积计量;粒料垫层、灰土垫层按压实体积计量;堆载预压按堆载体积计量;真空预压按预压面积计量;沉降补方按沉降补方体积计量;土工布、土工格栅和土工格室按处理面积计量。

5.10.1.4 袋装砂桩按设计深(长)之和计量;井点降水按设计铺设的总管长度计量;深井降水按设计台数计量;塑料排水板以深(长)度(不计伸入垫层内长度)之和计量;水泥搅拌桩、旋喷桩、振动碎石桩、静压碎石桩、砂桩和预应力管桩分别以设计深(长)之和计量;基础换填按设计材料的体积计量。

5.10.1.5 本章中的预应力管桩指的是道路及堆场中采用的地下软土地基处理的一种方式,而作为船闸的结构物桩基,则在第500章的"管桩"中计列。

5.10.2 计价规则

工程量清单项(细)目设置、工程量计算规则、计价工程内容及计量规则,应按表34的规定执行。

表34 地基处理工程

项目编码	项(细)目编号			项(细)目名称	项目特征	计量单位	工程量计算规则	计价工程内容	计量规则
	章节	子目	细目						
	901			沉降及变位监测设施					
100603012000		1		沉降监测设施	1. 软基; 2. 监测; 3. 设施	套	以设计的套为单位计算	1. 设施加工; 2. 设施埋设、接高、维护	设施埋设完成并经验收合格后,以设计图为依据计算实际套数,以合同综合单价计算合价后分期计量,其中,合价的80%在埋设完成后1次计量,余下的20%,待监测完成并核准监测报告后计量
100603013000		2		位移监测设施					
100603014000		3		测斜设施					
	902			软土地基地面处理					
100603015000		1		抛石挤淤	1. 地基处理; 2. 水深及水文条件; 3. 材料规格	m^3	以抛填的块(片)石体积计算	1. 抛填块(片)石; 2. 小石块填塞垫平; 3. 压实	按实际完成并经验收后按图纸或验收尺寸计算抛石体积的块(片)石数量,按合同综合单价计算合价后计量
100603016000		2		粒料垫层	1. 地基处理; 2. 材料规格; 3. 压实度	m^3	以粒料(砂砾、碎石砂)的压实体积计算	1. 运料; 2. 含水率调整、铺筑、压实; 3. 边侧片石护砌	按实际完成并经验收后以设计断面为依据计算粒料(砂砾、碎石、砂)压实体积,按合同综合单价计算合价后计量

表 34　地基处理工程(续)

项目编码	项(细)目编号			项(细)目名称	项目特征	计量单位	工程量计算规则	计价工程内容	计量规则
	章节	子目	细目						
100603017000		3		灰土垫层	1. 地质状况; 2. 材料规格; 3. 配合比; 4. 压实度	m^3	以灰土(石灰土、二灰土等)的压实体积计算	1. 排水措施; 2. 拌和; 3. 摊铺、压实、整修; 4. 养生	按实际完成并经验收合格的工程,以设计断面为依据计算粒料灰土(石灰土、二灰土等)压实体积,按合同综合单价计算合价后计量
100603001000		4		堆载预压	1. 材料规格; 2. 荷载; 3. 预压期; 4. 卸载方量	m^3	以设计堆载预压体积计算	1. 填料准备或购置; 2. 摊铺碾压; 3. 卸载与卸载方处理; 4. 整修、清理场地	以图纸或监理人要求的预压宽度和高度计算预压数量,按合同综合单价计算合价后分次计量,其中,合价的 85% 在相应预压量完成后计量,余下的 15%,卸载完成并核准承包人递交的沉降监测报告后计量
100603002000		5		真空预压	1. 地质状况; 2. 真空程度; 3. 预压时间	m^2	以设计真空预压范围的面积计算	1. 开挖压膜沟、清除透水土层; 2. 布设滤水管、出膜装置; 3. 铺设密封膜、踩膜,布设沉降管、膜下真空度测头,压膜沟内回填土、膜上筑堰,安装真空设备,堆载等待; 4. 试抽气、抽气预压和观测; 5. 拆除真空设备、膜,清除滤水管,清理现场	真空预压完成并经验收合格后,以设计图为依据实际预压面积,按合同综合单价计算合价后计量

表 34　地基处理工程(续)

项目编码	项(细)目编号			项(细)目名称	项目特征	计量单位	工程量计算规则	计价工程内容	计量规则
	章节	子目	细目						
100603018000		6		沉降补方	1. 材料规格; 2. 荷载; 3. 预压期	m^3	以设计沉降补方体积计算	1. 填料准备或购置; 2. 沉降补方; 3. 整修	按实际完成并经验收后以实测并经核准的沉降量及相应的设计沉降补方体积计算数量,按合同综合单价计算合价,核准承包人递交的沉降监测报告后计量
100603019000		7		土工布	1. 地基处理; 2. 材料规格、性能	m^2	以设计单层净面积计算(不计搭接卷边增加面积)	1. 下承面清理、整平; 2. 土工材料铺设; 3. 搭接、缝接或黏结连接; 4. 锚固	按实际完成并经验收后以设计图为依据计算单层净面积数量(不计搭接卷边增加面积),按合同综合单价计算合价后计量
100603020000		8		土工格栅					
100603021000		9		土工格室					
	903			软土地基地下处理					
100603008000		1		袋装砂桩	1. 地基处理; 2. 材料规格; 3. 桩径	m	以不同孔径的设计长(深)度计算	1. 砂袋(含砂及砂袋)制作; 2. 轨道铺设,装、拆、移动及固定井架; 3. 定位沉管; 4. 下砂袋、拔管	按实际完成并经验收后以设计图为依据计算实际长(深)度,按合同综合单价计算合价后计量
100605022000		2		井点降水	1. 地基处理; 2. 材料规格; 3. 孔径	m	以设计长度计算	1. 埋设井点管、铺设总管; 2. 井点设备的使用、维修和检修; 3. 井点管和总管的拆除、场内运输	按实际完成并经验收后以设计图为依据计算实际长度,按合同综合单价计算合价后计量

表 34　地基处理工程(续)

项目编码	项(细)目编号			项(细)目名称	项目特征	计量单位	工程量计算规则	计价工程内容	计量规则
	章节	子目	细目						
100605023000		3		深井降水	1. 地基处理; 2. 材料规格; 3. 管径	台	以设计的台数计算	1. 以钻孔法埋设井管; 2. 填砂滤料; 3. 深井泵及排水管安装、拆除	按实际完成并经验收后以设计图为依据计算实际台数,按合同综合单价计算合价后计量
100603004000		4		塑料排水板					
100603004001			a	深20m及以下塑料排水板(不可测深)	1. 地基处理; 2. 材料规格; 3. 深度	m	以设计深(长)度之和计算(不计伸入垫层内长度)	1. 轨道铺设,装、拆、移动及固定机架; 2. 安装塑料排水板; 3. 沉管插板、拔管; 4. 塑板连接、切断、孔口长度预留及伸入垫层	按实际完成并经验收后以设计图为依据计算实际深(长)度(不计伸入垫层内长度),按合同综合单价计算合价后计量
100603004002			b	深20m以上塑料排水板(不可测深)					
100603004003			c	深20m及以下塑料排水板(可测深)					
100603004004			d	深20m以上塑料排水板(可测深)					
100603024000		5		水泥搅拌桩(按桩径分)	1. 地基处理; 2. 桩径; 3. 喷粉(浆)量	m	以设计深(长)度之和计算	1. 场地清理; 2. 装、拆、移动及固定机架; 3. 成孔搅拌喷粉(浆); 4. 提升、二次搅拌、复打	按实际完成并经验收后以设计图为依据计算实际深(长)度(不计伸入垫层内长度),按合同综合单价计算合价后计量
100603011000		6		旋喷桩(按桩径分)					
100603025000		7		振动碎石桩(按桩径分)	1. 地质状况; 2. 材料规格; 3. 桩径	m	以设计深(长)度之和计算	1. 设备装、拆、移动及固定; 2. 试桩; 3. 成孔、压填碎石(砂); 4. 拔管	按实际完成并经验收合格的工程,以设计图为依据计算实际深(长)度,按合同综合单价计算合价后计量
100603026000		8		静压碎石桩(按桩径分)					
100603027000		9		砂桩(按桩径分)					

表 34 地基处理工程(续)

项目编码	项(细)目编号			项(细)目名称	项目特征	计量单位	工程量计算规则	计价工程内容	计量规则
	章节	子目	细目						
100603028000		10		预应力管桩(按桩径分)	1. 软土地基处理; 2. 壁厚; 3. 预制; 4. 打入; 5. 桩径	m	以设计长度之和计算,桩帽混凝土和钢筋不另行计算	1. 场地清理和设置桩垫; 2. 装、拆、移动及固定桩架; 3. 管桩装、卸和运输; 4. 吊桩、定位、固定; 5. 打桩和打送桩; 6. 管桩管节连接; 7. 桩尖(靴)制作、桩头处理	按实际完成并经验收后以设计图为依据计算实际长度,按合同综合单价计算合价后计量
100603029000		11		基础换填(按材料分)	1. 换填材料; 2. 基础尺寸	m^3	以设计换填材料体积计算	1. 排水处理; 2. 不良土质挖除、装卸、运,堆放到指定地点; 3. 指定换填材料回填压实	按实际完成并经验收后以设计图为依据计算实际换填材料体积,按合同综合单价计算合价后计量

5.11 第 1000 章 场地及场内道路工程

工程项(细)目工程量清单的项目编码、项(细)目编号、项(细)目名称、计量单位设置,应引用 DB 33/T 628.3《交通建设工程工程量清单计价规范 第 3 部分:航道工程》第 1000 章场地及场内道路工程的内容执行。

5.12 第 1100 章 船闸设备安装工程

5.12.1 一般规定

5.12.1.1 本章为船闸工程中船闸设备安装工程,主要包括启闭机等内容。

5.12.1.2 本章的船闸设备计价内容包括设备的购置、运输、安装及调试检验等。

5.12.1.3 本章各项(细)目包含设备材料购置、运输、安装及调试等工作内容,不含备品备件。如合同另有约定,应明确设备采购、运输、安装、调试、试用期的联动调试和保修等工作界面,备品的规格数量等,以明确双方责任和权利。在具体设备招标时,还可以根据整套设备的组成,细化招标清单和实施过程的计量。

5.12.1.4 本章节中的调试指的是安装时的调试,不包括试用期的联动调试。

5.12.2 计价规则

工程量清单项目设置、工程量计算规则、计价内容及计量规则,应按表 35 的规定执行。

表 35　船闸设备安装工程

项目编码	项(细)目编号			项(细)目名称	项目特征	计量单位	工程量计算规则	计价工程内容	计量规则
	章节	子目	细目						
101002009000	1101			启闭机					
101002009100		1		固定卷扬式启闭机	1. 规格型号； 2. 整体及部件质量； 3. 外形尺寸	台	按设计台数计算实际数量	1. 制作(购置)； 2. 埋件安装； 3. 支架安装； 4. 缸体吊装； 5. 与闸门连接及起闭试验	按要求安装并调试完成，按合同单价计算合价后计量
101002009200		2		移动卷扬式启闭机	1. 规格型号； 2. 整体及部件质量； 3. 外形尺寸	台	按设计台数计算实际数量	1. 制作(购置)； 2. 车架安装； 3. 行走机构安装； 4. 卷扬机安装； 5. 电气设备安装与调整； 6. 与闸门连接及起闭试验	按要求安装并调试完成，按合同单价计算合价后计量
101002009300		3		液压式启闭机	1. 规格型号； 2. 外形尺寸； 3. 质量	台	按设计台数计算实际数量	1. 制作(购置)； 2. 埋件安装； 3. 支架安装； 4. 缸体吊装； 5. 与闸门连接及启闭试验	按要求安装并调试完成，按合同单价计算合价后计量
101002009400		4		液压系统	1. 规格型号； 2. 外形尺寸； 3. 管道材质； 4. 质量	套	按设计套数计算实际数量	1. 制作(购置)； 2. 埋件安装； 3. 油泵站安装； 4. 试压与清洗； 5. 油管路安装； 6. 现地控制站电气设备； 7. 注油； 8. 调试	按要求安装并调试完成，按合同单价计算合价后计量
101002009500		5		电动葫芦	1. 规格型号； 2. 质量； 3. 外形尺寸	台	按设计台数计算实际数量	1. 制作(购置)； 2. 本体安装； 3. 附件安装； 4. 负荷试验	按要求安装并调试完成，按合同单价计算合价后计量

表 35　船闸设备安装工程(续)

项目编码	项(细)目编号			项(细)目名称	项目特征	计量单位	工程量计算规则	计价工程内容	计量规则
	章节	子目	细目						
101002009600		6		轨道及附件	规格型号	m	按设计米数计算实际长度	1. 制作; 2. 基础埋设; 3. 轨道安装; 4. 附件安装	按要求安装完成,按合同单价计算合价后计量
101002009700		7		滑触线(三相四线)	1. 规格型号; 2. 电压等级; 3. 电流等级	m	按设计米数计算实际长度	1. 购置; 2. 埋件安装; 3. 支架安装; 4. 滑触线及附件安装; 5. 集电器安装	按要求安装并调试完成,按合同单价计算合价后计量
101002009800		8		锁定装置	1. 规格型号; 2. 外形尺寸; 3. 材质; 4. 板厚; 5. 防腐要求	t	按设计质量计算实际数量	1. 埋件制作; 2. 锁定梁制作; 3. 整体组装验收	按要求安装并调试完成,按合同单价计算合价后计量
101002009900		9		备品备件	1. 规格型号; 2. 配置要求; 3. 安装要求	套	以设计图示设备台(套、项)数计算	1. 按配置要求购置、提交设备; 2. 安装、调试; 3. 维护	按实际完成并经验收合格的设备,以满足设计配置功能要求的设备台(套、项)数为依据计算数量,按合同综合单价计算合价后计量

5.13　第 1200 章　绿化和环境保护工程

工程项(细)目工程量清单的项目编码、项(细)目编号、项(细)目名称、计量单位设置,应引用 DB 33/T 628.3《交通建设工程工程量清单计价规范　第 3 部分:航道工程》第 1200 章绿化和环境保护工程的内容执行。

5.14　第 1300 章　机电设备安装工程

5.14.1　一般规定

5.14.1.1　本章为船闸工程中的机电设备安装工程,主要包括供配电及照明系统、控制与监视系统等内容。

5.14.1.2　本章所列工程项(细)目均包含设备采购或设施加工、现场检验测试、运输、安装、调试、测试、试运行、维修、技术文件(含操作维护手册提供)及缺陷责任期服务等各项工作。对于成套的设备或设备单元,均已包含所有必需的配件、附件、随机备品备件、内部连接线缆及相关作业,不另行计量。

5.14.1.3 本章所列的各项备品备件(含必要的专用工具,不含设备应有的随机备品备件),由各项目发包人依据各系统特点和系统连续运行要求编制清单项(细)目,并暂定工程量。由投标人依据清单项(细)目报价,按所报综合单价和实际发生工程量计量。

5.14.1.4 供配电及照明系统包括高压成套开关柜、低压成套开关柜、配电柜、变压器与备用电源、电力监控、线缆及附属设施、照明系统和备品备件组成。

5.14.1.5 高杆照明灯、中杆照明灯、其他照明含基坑土石方开挖、基础施工等工作内容,若基础及预埋件已施工完毕,且不属于该标段施工内容,则在设计图纸或招标文件计价条款中予以明确。

5.14.1.6 控制与监视系统包括自动控制系统、现场控制箱、中央控制系统、工业电视系统设备、广播系统设备、无线通信系统设备等内容。

5.14.2 计价规则

5.14.2.1 供配电及照明系统

工程量清单项(细)目设置、工程量计算规则、计价工程内容及计量规则,应按表36的规定执行。

表36 供配电及照明系统

项目编码	项(细)目编号			项(细)目名称	项目特征	计量单位	工程量计算规则	计价工程内容	计量规则
	章节	子目	细目						
101301010000	1301			高压成套开关柜					
101301011000		1		高压隔离柜	1.规格型号; 2.配置要求; 3.安装要求	台	以设计图示以台数计算	1.按配置要求购置、提交设备和技术手册; 2.基础槽钢制作、安装; 3.柜体(含附件及附属线缆)安装、调试; 4.维护	按实际完成并经验收合格的设备,以满足设计配置和功能要求的设备台数为依据计算数量,按合同综合单价计算合价后计量
101301012000		2		高压进线柜					
101301013000		3		高压计量柜					
101301014000		4		高压馈电柜					
101301015000		5		高压联络柜					
101301016000		6		高压无功功率补偿柜					
101302010000	1302			低压成套开关柜					
101302011000		1		低压进线柜(屏)	1.规格型号; 2.配置要求; 3.安装要求	台	以设计图示以台数计算	1.按配置要求购置、提交设备和技术手册; 2.基础槽钢制作、安装; 3.柜(屏)(含附件及附属线缆)安装、调试; 4.维护	按实际完成并经验收合格的设备,以满足设计配置和功能要求的设备台数为依据计算数量,按合同综合单价计算合价后计量
101302012000		2		低压联络柜(屏)					
101302013000		3		低压无功功率补偿柜(屏)					
101302014000		4		直流电源屏					
101302015000		5		避雷压变消弧消谐柜					

表 36 供配电及照明系统(续)

项目编码	项(细)目编号			项(细)目名称	项目特征	计量单位	工程量计算规则	计价工程内容	计量规则
	章节	子目	细目						
101303010000	1303			配电柜					
101303011000		1		动力配电柜	1. 规格型号; 2. 配置要求; 3. 安装要求	台	以设计图示以台数计算	1. 按配置要求购置、提交设备和技术手册; 2. 基础槽钢制作、安装; 3. 柜(屏)(含附件及附属线缆)安装、调试; 4. 维护	按实际完成并经验收合格的设备,以满足设计配置和功能要求的设备台数为依据计算数量,按合同综合单价计算合价后计量
101304012000		2		检修电源柜(箱)					
101304013000		3		照明配电控制箱(柜)					
101304014000		4		装卸设备接电箱及换向装置					
101304010000	1304			变压器与备用电源					
101304011000		1		柴油发电机组	1. 规格型号; 2. 配置要求; 3. 安装要求	台	以设计图示以台数计算	1. 按配置要求购置、提交设备和技术手册; 2. 本体(含附件及附属线缆)安装、调试	按实际完成并经验收合格的设备,以满足设计配置和功能要求的台数,按合同综合单价计算合价后计量
101304012000		2		不间断电源(UPS)					
101304013000		3		应急电源(EPS)	1. 规格型号; 2. 配置要求; 3. 安装要求	台	以设计图示以台数计算	1. 按配置要求购置、提交设备和技术手册; 2. 本体(含附件及附属线缆)安装、调试	按实际完成并经验收合格的设备,以满足设计配置和功能要求的台数,按合同综合单价计算合价后计量
101304014000		4		变压器	1. 规格型号; 2. 配置要求; 3. 容量(kV·A)	台	以设计图示以台数计算	1. 按配置要求购置、提交设备和技术手册; 2. 基础制作; 3. 本体(含附属设施及附属线缆)安装、调试	按实际完成并经验收合格的设备,以满足设计配置和功能要求的设备台数为依据计算数量,按合同综合单价计算合价后计量

表 36 供配电及照明系统(续)

项目编码	项(细)目编号			项(细)目名称	项目特征	计量单位	工程量计算规则	计价工程内容	计量规则
	章节	子目	细目						
101305010000	1305			电力监控					
101305011000		1		电力监控操作台	1. 尺寸; 2. 材质; 3. 要求	台	以设计图示以台数计算	按要求制作安装、固定	按实际完成并经验收合格的设备，以满足设计配置和功能要求的设备台数为依据计算数量，按合同综合单价计算合价后计量
101305012000		2		电力监控通信柜	1. 规格型号; 2. 配置要求; 3. 安装要求	台	以设计图示以台数计算	1. 按配置要求购置、提交设备和技术手册; 2. 本体(含附件及附属线缆)安装、调试	按实际完成并经验收合格的设备，以满足设计配置和功能要求的设备台数为依据计算数量，按合同综合单价计算合价后计量
101305013000		3		电力通信服务器工作站	1. 规格型号; 2. 配置要求	台		1. 按配置要求购置、提交设备和技术手册; 2. 服务器连接及附带常规软件安装、调试	
101305014000		4		电力监控软件	功能要求	套	以设计安装的套数计算	1. 按配置要求购置或编制、提交设备和技术手册; 2. 安装、调试	按实际完成并经验收合格的设备，以满足设计配置和功能要求的设备套数为依据计算数量，按合同综合单价计算合价后计量
101305015000		5		协议转换器	1. 规格型号; 2. 配置要求; 3. 安装要求	套	以设计套(台)数计算	1. 按配置要求购置、提交设备和技术手册; 2. 本体(含附件及附属线缆)安装、调试	按实际完成并经验收合格的设备，以满足设计配置和功能要求的设备套(台)数为依据计算数量，按合同综合单价计算合价后计量
101305016000		6		光纤交换机		台			
101305017000		7		光纤终端设备		套			

表 36 供配电及照明系统(续)

<table>
<tr><th rowspan="2">项目编码</th><th colspan="3">项(细)目编号</th><th rowspan="2">项(细)目名称</th><th rowspan="2">项目特征</th><th rowspan="2">计量单位</th><th rowspan="2">工程量计算规则</th><th rowspan="2">计价工程内容</th><th rowspan="2">计量规则</th></tr>
<tr><th>章节</th><th>子目</th><th>细目</th></tr>
<tr><td>101306010000</td><td>1306</td><td></td><td></td><td>线缆及附属设施</td><td></td><td></td><td></td><td></td><td></td></tr>
<tr><td>101306011000</td><td></td><td>1</td><td></td><td>电力电缆</td><td rowspan="2">1. 规格型号;
2. 敷设要求</td><td rowspan="2">m</td><td rowspan="2">以设计长度按米(m)为单位计算</td><td rowspan="2">1. 电缆敷设;
2. 电缆头制作、安装;
3. 过路保护管敷设;
4. 电缆防护;
5. 电缆防火隔板;
6. 电缆防火涂料</td><td rowspan="2">按实际完成并经验收合格,以满足设计配置和功能要求的电缆长度为依据计算数量,按合同综合单价计算合价后计量</td></tr>
<tr><td>101306012000</td><td></td><td>2</td><td></td><td>控制电缆</td></tr>
<tr><td>101306013000</td><td></td><td>3</td><td></td><td>通信线缆</td><td></td><td></td><td></td><td></td><td></td></tr>
<tr><td>101306013001</td><td></td><td></td><td>a</td><td>广播线缆</td><td rowspan="2">1. 规格型号;
2. 敷设要求</td><td rowspan="2">m</td><td rowspan="2">以设计长度按米(m)为单位计算</td><td rowspan="2">1. 电缆敷设;
2. 电缆头制作、安装;
3. 过路保护管敷设;
4. 电缆防护;
5. 电缆防火隔板;
6. 电缆防火涂料</td><td rowspan="2">按实际完成并经验收合格,以满足设计配置和功能要求的电缆长度为依据计算数量,按合同综合单价计算合价后计量</td></tr>
<tr><td>101306013002</td><td></td><td></td><td>b</td><td>电话线缆</td></tr>
<tr><td>101306014000</td><td></td><td>4</td><td></td><td>光缆</td><td></td><td></td><td></td><td></td><td></td></tr>
<tr><td>101306014001</td><td></td><td></td><td>a</td><td>光缆</td><td rowspan="2">1. 规格型号;
2. 敷设要求</td><td rowspan="2">m</td><td rowspan="2">以设计长度按米(m)为单位计算</td><td rowspan="2">1. 敷设;
2. 测试</td><td rowspan="2">按实际完成并经验收合格,以满足设计配置和功能要求以长度为依据计算数量,按合同综合单价计算合价后计量</td></tr>
<tr><td>101306014002</td><td></td><td></td><td>b</td><td>尾纤</td></tr>
<tr><td>101306014003</td><td></td><td></td><td>c</td><td>通信接口光缆</td><td>1. 规格型号;
2. 接口要求;
3. 长度</td><td>根</td><td>以设计图示,以根为单位计算</td><td>1. 敷设;
2. 测试</td><td>按实际完成并经验收合格,以满足设计配置和功能要求的根数为依据计算数量,按合同综合单价计算合价后计量</td></tr>
</table>

表 36　供配电及照明系统(续)

项目编码	项(细)目编号			项(细)目名称	项目特征	计量单位	工程量计算规则	计价工程内容	计量规则
	章节	子目	细目						
101306015000		5		线缆附属					
101306015001			a	高压电缆终端头	1. 规格型号; 2. 端(接)头要求	个	以设计图示,以个为单位计算	1. 端(接)头制作、连接; 2. 测试	按实际完成并经验收合格,以满足设计配置和功能要求的个数为依据计算数量,按合同综合单价计算合价后计量
101306015002			b	高压电缆中间接头					
101306015003			c	高压母线	1. 规格型号; 2. 敷设要求	m	以设计长度按米(m)为单位计算	1. 敷设; 2. 测试	按实际完成并经验收合格,以满足设计配置和功能要求以长度为依据计算数量,按合同综合单价计算合价后计量
101306015004			d	低压封闭式母线桥	1. 规格型号; 2. 容量(A)	m	以设计长度按米(m)为单位计算	1. 制作、安装; 2. 进出线箱安装; 3. 刷(喷)油漆(共箱母线)	按实际完成并经验收合格,以满足设计配置和功能要求以长度为依据计算数量,按合同综合单价计算合价后计量
101306015005			e	接线盒	规格型号	套	以设计图示套数计算	1. 购置或制作; 2. 安装	实际完成并经验收合格,以满足设计要求的套数为依据计算数量,按合同综合单价计算合价后计量
101306015006			f	光终端盒及附件	1. 规格型号; 2. 配置要求; 3. 安装要求	套	以设计图示以套数计算	1. 按配置要求购置、提交设备和技术手册; 2. 本体(含附件及附属线缆)安装、调试	完成并经验收合格的设备,以满足设计配置和功能要求的设备套数为依据计算数量,按合同综合单价计算合价后计量

表36　供配电及照明系统(续)

项目编码	项(细)目编号			项(细)目名称	项目特征	计量单位	工程量计算规则	计价工程内容	计量规则
	章节	子目	细目						
101306016000		6		缆线保护套管					
101306016001			a	镀锌钢管	1. 内径、壁厚; 2. 安装要求; 3. 防腐、防腐、绝热及保护层要求	m	以设计长度按米(m)为单位计算	1. 制作、敷设 2. 刷(喷)油漆	按实际完成并经验收合格,以满足设计配置和功能要求以长度为依据计算数量,按合同综合单价计算合价后计量
101306016002			b	塑料管	1. 材质; 2. 型号、规格	m	以设计长度按米(m)为单位计算	1. 购置; 2. 敷设	按实际完成并经验收合格,以满足设计配置和功能要求以长度为依据计算数量,按合同综合单价计算合价后计量
101306017000		7		电缆桥架	1. 材质; 2. 型号、规格	m	以设计长度按米(m)为单位计算	1. 购置; 2. 安装	按实际完成并经验收合格,以满足设计配置和功能要求以长度为依据计算数量,按合同综合单价计算合价后计量
101306018000		8		电缆支架	1. 材质; 2. 型号、规格	kg	以设计图示尺寸,以千克(kg)为单位计算实际数量	1. 购置; 2. 安装	按实际完成并经验收合格,以满足设计配置和功能要求以实际数量为依据计算数量,按合同综合单价计算合价后计量
101306019000		9		接地及保护设施					
101306019001			a	接地型钢	1. 材质; 2. 型号、规格	kg	以设计图示尺寸,以千克(kg)为单位计算实际数量	1. 购置; 2. 安装	按实际完成并经验收合格,以满足设计配置和功能要求以实际数量为依据计算数量,按合同综合单价计算合价后计量

表 36 供配电及照明系统(续)

<table>
<tr><th rowspan="2">项目编码</th><th colspan="3">项(细)目编号</th><th rowspan="2">项(细)目名称</th><th rowspan="2">项目特征</th><th rowspan="2">计量单位</th><th rowspan="2">工程量计算规则</th><th rowspan="2">计价工程内容</th><th rowspan="2">计量规则</th></tr>
<tr><th>章节</th><th>子目</th><th>细目</th></tr>
<tr><td>101306019002</td><td></td><td></td><td>b</td><td>变电所绝缘胶垫(10mm 厚)</td><td>1. 材质;
2. 型号、规格</td><td>m</td><td>以设计图示尺寸,以米(m)为单位计算</td><td>1. 购置;
2. 安装</td><td>按实际完成并经验收合格,以满足设计配置和功能要求以长度为依据计算数量,按合同综合单价计算合价后计量</td></tr>
<tr><td>101306019003</td><td></td><td></td><td>c</td><td>总等电位接地装置</td><td>1. 材质;
2. 型号;
3. 规格</td><td>块</td><td>以设计图示块数计</td><td>1. 购置;
2. 安装</td><td>按实际完成并经验收合格,以满足设计配置和功能要求的块数为依据计算数量,按合同综合单价计算合价后计量</td></tr>
<tr><td>101003015000</td><td>1307</td><td></td><td></td><td>照明系统</td><td></td><td></td><td></td><td></td><td></td></tr>
<tr><td>101003015100</td><td></td><td>1</td><td></td><td>高杆照明灯</td><td rowspan="3">1. 灯杆高度;
2. 灯架形式(成套或组装、固定或升降);
3. 灯头数量;
4. 基础形式及规格</td><td rowspan="6">套</td><td rowspan="6">以设计图示套数计算</td><td rowspan="3">1. 基础浇筑(包括土石方);
2. 立杆;
3. 灯架安装;
4. 引下线支架制作、安装;
5. 焊压接线端子;
6. 铁构件制作、安装;
7. 除锈、防腐;
8. 灯杆编号;
9. 升降机构接线调试(如有);
10. 灯具灯杆内线缆穿线、连接;
11. 接地</td><td rowspan="6">按实际完成并经验收合格,以满足设计配置和功能要求完成的套数为依据计算数量,按合同综合单价计算合价后计量</td></tr>
<tr><td>101003015200</td><td></td><td>2</td><td></td><td>中杆照明灯</td></tr>
<tr><td>101003015300</td><td></td><td>3</td><td></td><td>道路照明灯</td></tr>
<tr><td>101003015400</td><td></td><td>4</td><td></td><td>皮带机栈桥照明灯</td><td rowspan="2">1. 名称;
2. 型号;
3. 规格;
4. 安装形式</td><td rowspan="2">1. 支架、铁构件制作、安装,油漆;
2. 灯具安装</td></tr>
<tr><td>101003015500</td><td></td><td>5</td><td></td><td>泛光照明灯</td></tr>
<tr><td>101003015600</td><td></td><td>6</td><td></td><td>绝缘穿刺线夹</td><td>1. 型号、规格;
2. 安装形式</td><td>1. 购置;
2. 安装固定</td></tr>
</table>

表 36　供配电及照明系统(续)

项目编码	项(细)目编号			项(细)目名称	项目特征	计量单位	工程量计算规则	计价工程内容	计量规则
	章节	子目	细目						
101307010000	1308			备品备件	1. 规格型号; 2. 配置要求; 3. 安装要求	套	以设计图示设备台(套、项)数计算	1. 按配置要求购置、提交设备; 2. 安装、调试; 3. 维护	按实际完成并经验收合格的设备,以满足设计配置功能要求的设备台(套、项)数为依据计算数量,按合同综合单价计算合价后计量

5.14.2.2　控制与监视系统

工程量清单项目设置、工程量计算规则、计价内容及计量规则,应按表 37 的规定执行。

表 37　控制与监视系统

项目编码	项(细)目编号			项(细)目名称	项目特征	计量单位	工程量计算规则	计价工程内容	计量规则
	章节	子目	细目						
101308010000	1309			自动控制系统设备					
101308011000		1		不间断电源(UPS)	1. 型号; 2. 容量(kV·A)	台	以设计图示台数计算	1. 购置; 2. 安装; 3. 调试	按实际完成并经验收合格,以满足设计配置和功能要求完成的台数为依据计算数量,按合同综合单价计算合价后计量
101308012000		2		控制柜					
101308012001			a	电源柜	1. 规格型号; 2. 配置要求; 3. 安装要求	台	以设计图示台数计算	1. 按配置要求购置、提交设备和技术手册; 2. 基础槽钢制作、安装; 3. 柜体(含附件及附属线缆)安装、调试; 4. 维护	按实际完成并经验收合格的设备,以满足设计配置和功能要求的设备台数为依据计算数量,按合同综合单价计算合价后计量
101308012002			b	主机柜					
101308012003			c	程控(PLC)柜/继电器柜					

表 37 控制与监视系统(续)

项目编码	项(细)目编号			项(细)目名称	项目特征	计量单位	工程量计算规则	计价工程内容	计量规则
	章节	子目	细目						
101308012004			d	盘间电缆及附件	1. 规格型号; 2. 配置要求; 3. 安装要求	套	以设计图示套数计算	1. 按配置要求购置; 2. 安装、连接; 3. 调试	按实际完成并经验收合格的设备,以满足设计配置和功能要求的套数为依据计算数量,按合同综合单价计算合价后计量
101309010000	1310			现场控制箱					
101309011000		1		就地 I/O 箱	1. 规格型号; 2. 配置要求; 3. 安装要求	台	以设计图示台数计算	1. 按配置要求购置、提交设备和技术手册; 2. 柜体(含附件及附属线缆)安装、调试; 3. 维护	按实际完成并经验收合格的设备,以满足设计配置和功能要求的设备台数为依据计算数量,按合同综合单价计算合价后计量
101309012000		2		电动三通就地操作箱					
101310010000	1311			中央控制系统					
101310011000		1		工控机	1. 规格型号; 2. 配置要求; 3. 安装要求	台	以设计图示台(套)数计算	1. 按配置要求购置、提交设备; 2. 安装、调试; 3. 维护	按实际完成并经验收合格的设备,以满足设计配置和功能要求的设备台(套)数为依据计算数量,按合同综合单价计算合价后计量
101310012000		2		显示器		台			
101310013000		3		管理计算机		套		1. 按配置要求购置、提交设备(含普通显示器、主机、鼠标和键盘等常规硬件和软件配置); 2. 安装、调试; 3. 维护	
101310014000		4		数据库服务器		台		1. 按配置要求购置、提交设备; 2. 安装、调试; 3. 维护	

表37 控制与监视系统(续)

项目编码	项(细)目编号 章节	子目	细目	项(细)目名称	项目特征	计量单位	工程量计算规则	计价工程内容	计量规则
101310015000		5		自动控制系统软件					
101310015001			a	操作系统软件	1. 功能; 2. 兼容配置要求	套	以设计图示套数计算	1. 软件开发或购置; 2. 安装、调试; 3. 维护	按实际完成并经验收合格的软件,以满足设计配置和功能要求的软件套数为依据计算数量,按合同综合单价计算合价后计量
101310015002			b	应用软件	1. 功能; 2. 兼容配置要求	套	以设计图示套数计算	1. 软件开发或购置; 2. 安装、调试; 3. 维护	按实际完成并经验收合格的软件,以满足设计配置和功能要求的软件套数为依据计算数量,按合同综合单价计算合价后计量
101310016000		6		工业以太网交换机(含扩展底版)	1. 规格型号; 2. 配置要求; 3. 安装要求	套	以设计图示套数计算	1. 按配置要求购置、提交设备; 2. 安装、调试; 3. 维护	按实际完成并经验收合格的设备,以满足设计配置和功能要求的设备套数为依据计算数量,按合同综合单价计算合价后计量
101310017000		7		控制相关设施					
101310017001			a	控制台	1. 规格型号; 2. 配置要求; 3. 安装要求	台	以设计图示台(套)数计算	1. 按配置要求购置、提交设备; 2. 安装、调试; 3. 维护	按实际完成并经验收合格的设备,以满足设计配置和功能要求的设备台(套)数为依据计算数量,按合同综合单价计算合价后计量
101310017002			b	机柜	1. 规格型号; 2. 配置要求; 3. 安装要求	台	以设计图示台(套)数计算	1. 按配置要求购置、提交设备; 2. 安装、调试; 3. 维护	按实际完成并经验收合格的设备,以满足设计配置和功能要求的设备台(套)数为依据计算数量,按合同综合单价计算合价后计量
101310017003			c	报警音箱	1. 规格型号; 2. 配置要求; 3. 安装要求	套	以设计图示台(套)数计算	1. 按配置要求购置、提交设备; 2. 安装、调试; 3. 维护	按实际完成并经验收合格的设备,以满足设计配置和功能要求的设备台(套)数为依据计算数量,按合同综合单价计算合价后计量
101310017004			d	打印机	1. 规格型号; 2. 配置要求; 3. 安装要求	台	以设计图示台(套)数计算	1. 按配置要求购置、提交设备; 2. 安装、调试; 3. 维护	按实际完成并经验收合格的设备,以满足设计配置和功能要求的设备台(套)数为依据计算数量,按合同综合单价计算合价后计量
101310017005			e	转椅	1. 规格型号; 2. 配置要求; 3. 安装要求	套	以设计图示台(套)数计算	1. 按配置要求购置、提交设备; 2. 安装、调试; 3. 维护	按实际完成并经验收合格的设备,以满足设计配置和功能要求的设备台(套)数为依据计算数量,按合同综合单价计算合价后计量

表 37 控制与监视系统(续)

项目编码	项(细)目编号			项(细)目名称	项目特征	计量单位	工程量计算规则	计价工程内容	计量规则
	章节	子目	细目						
101311010000	1312			工业电视系统设备					
101311011000		1		摄像机					
101311011001			a	一体化彩色枪式摄像机	1.功能特点、性能、规格、电源; 2.配置要求; 3.安装要求	套	以设计图示套数计算	1.按配置要求购置、提交设备; 2.安装、调试; 3.维护	按实际完成并经验收合格的设备,以满足设计配置和功能要求的设备套数为依据计算数量,按合同综合单价计算合价后计量
101311011002			b	一体化全方位遥控摄像机					
101311011003			c	固定黑白摄像机					
101311011004			d	室内彩色快球					
101311011005			e	支架(杆)安装	1.规格、尺寸; 2.安装要求; 3.防腐要求	杆	以设计图示杆(套)数计算	1.基础埋设或固定; 2.支架(杆)、防护罩制作或购置; 3.安装、防腐	按实际完成并经验收合格的设施,以满足设计配置和功能要求的设施杆(套)数为依据计算数量,按合同综合单价计算合价后计量
101311011006			f	室外防护罩		套			
101311012000		2		计算机					
101311012001			a	图形计算机	1.规格型号; 2.配置要求; 3.安装要求	套	以设计图示设备套(台)数计算	1.按配置要求购置、提交全套设备(含普通监视器、主机、键盘、鼠标灯常规硬件和软件配置); 2.安装、调试; 3.维护	按实际完成并经验收合格的设施,以满足设计配置和功能要求的设施套(台)数为依据计算数量,按合同综合单价计算合价后计量
101311012002			b	管理计算机					
101311012003			c	工业监视器		台		1.按配置要求购置、提交设备; 2.安装、调试; 3.维护	

表 37　控制与监视系统(续)

项目编码	项(细)目编号			项(细)目名称	项目特征	计量单位	工程量计算规则	计价工程内容	计量规则
	章节	子目	细目						
101311013000		3		监控系统软件					
101311013001			a	操作系统软件	1. 功能; 2. 兼容配置要求	套	以设计图示套数计算	1. 软件开发或购置; 2. 安装、调试; 3. 维护	按实际完成并经验收合格的软件,以满足设计配置和功能要求的软件套数为依据计算数量,按合同综合单价计算合价后计量
101311013002			b	监控系统应用软件					
101311014000		4		光端机					
101311014001			a	单路视频+1路反向控制数据光端机	1. 规格型号; 2. 接口类型、传输距离、信号阻抗、误码率	对	以设计图示设备对数计算	1. 按配置要求购置、提交设备; 2. 安装、调试 3. 维护	按实际完成并经验收合格的设备,以满足设计配置和功能要求的设备对数为依据计算数量,按合同综合单价计算合价后计量
101311014002			b	单路视频光端机					
101311015000		5		配电箱	1. 功能, 2. 规格、尺寸; 3. 安装要求	个	以设计图示设备个数计算	1. 按配置要求购置、提交设备; 2. 基础设置或固定; 3. 安装含必要的线缆连接、调试; 4. 维护	按实际完成并经验收合格的设备,以满足设计配电功能要求的设备个数为依据计算数量,按合同综合单价计算合价后计量
101311016000		6		视频控制矩阵(含控制键盘)	1. 功能; 2. 规格、尺寸; 3. 安装要求	台	以设计图示设备台数计算	1. 按配置要求购置、提交设备; 2. 基础设置或固定; 3. 安装含必要的线缆连接、调试; 4. 维护	按实际完成并经验收合格的设备,以满足设计功能要求的设备台数为依据计算数量,按合同综合单价计算合价后计量

表 37　控制与监视系统(续)

<table>
<tr><th rowspan="2">项目编码</th><th colspan="3">项(细)目编号</th><th rowspan="2">项(细)目名称</th><th rowspan="2">项目特征</th><th rowspan="2">计量单位</th><th rowspan="2">工程量计算规则</th><th rowspan="2">计价工程内容</th><th rowspan="2">计量规则</th></tr>
<tr><th>章节</th><th>子目</th><th>细目</th></tr>
<tr><td>101311017000</td><td></td><td>7</td><td></td><td>硬盘录像机</td><td>1. 规格型号;
2. 配置要求;
3. 安装要求</td><td>台</td><td>以设计图示设备台数计算</td><td>1. 按配置要求购置、提交设备;
2. 安装、调试;
3. 维护</td><td>按实际完成并经验收合格的设备,以满足设计的设备台数为依据计算数量,按合同综合单价计算合价后计量</td></tr>
<tr><td>101311018000</td><td></td><td>8</td><td></td><td>LED 显示屏</td><td>1. 规格型号;
2. 配置要求;
3. 安装要求</td><td>套</td><td>以设计图示设备套数计算</td><td>1. 按配置要求购置、提交设备;
2. 基础设置或固定;
3. 安装、调试;
4. 维护</td><td>按实际完成并经验收合格的设备,以满足设计配电功能要求的设备套数为依据计算数量,按合同综合单价计算合价后计量</td></tr>
<tr><td>101311019000</td><td></td><td>9</td><td></td><td>大屏幕监视器墙</td><td></td><td></td><td></td><td></td><td></td></tr>
<tr><td>101311019001</td><td></td><td></td><td>a</td><td>监视器</td><td rowspan="4">1. 规格型号;
2. 配置要求;
3. 安装要求</td><td>台</td><td rowspan="4">以设计图示设备台(个)数计算</td><td rowspan="4">1. 按配置要求购置、提交设备;
2. 基础设置或固定;
3. 安装、调试;
4. 维护</td><td rowspan="4">按实际完成并经验收合格的设备,以满足设计配置和功能要求的设备台(个)数为依据计算数量,按合同综合单价计算合价后计量</td></tr>
<tr><td>101311019002</td><td></td><td></td><td>b</td><td>投影屏幕箱</td><td>个</td></tr>
<tr><td>101311019003</td><td></td><td></td><td>c</td><td>箱体</td><td>个</td></tr>
<tr><td>101311019004</td><td></td><td></td><td>d</td><td>机架及底座</td><td>个</td></tr>
<tr><td>101311020000</td><td></td><td>10</td><td></td><td>多屏拼接控制器</td><td rowspan="2">1. 规格型号;
2. 配置要求;
3. 安装要求</td><td rowspan="2">台</td><td rowspan="2">以设计图示设备台数计算</td><td rowspan="2">1. 按配置要求购置、提交设备;
2. 安装、调试;
3. 维护</td><td rowspan="2">按实际完成并经验收合格的设备,以满足设计配置功能要求的设备台数为依据计算数量,按合同综合单价计算合价后计量</td></tr>
<tr><td>101311021000</td><td></td><td>11</td><td></td><td>RGB 分配器</td></tr>
<tr><td>101311022000</td><td></td><td>12</td><td></td><td>系统工程专用线缆</td><td>1. 规格型号;
2. 敷设连接要求</td><td>m</td><td>以设计图示线缆长度计算</td><td>1. 按要求购置;
2. 连接、调试;
3. 维护</td><td>按实际完成并经验收合格的设备,以满足设计功能要求的线缆长度为依据计算数量,按合同综合单价计算合价后计量</td></tr>
</table>

表 37　控制与监视系统(续)

项目编码	项(细)目编号			项(细)目名称	项目特征	计量单位	工程量计算规则	计价工程内容	计量规则
	章节	子目	细目						
101311023000		13		机柜	1. 规格型号; 2. 尺寸; 3. 配置要求	台	以设计图示台数计算	1. 按要求购置; 2. 连接、调试; 3. 维护	按实际完成并经验收合格的设备,以满足设计配置功能要求的设备台数为依据计算数量,按合同综合单价计算合价后计量
101311024000		14		监视器墙及附件	1. 规格型号; 2. 尺寸; 3. 配置要求	套	以设计图示套数计算	1. 按要求购置; 2. 连接、调试; 3. 维护	按实际完成并经验收合格的设备,以满足设计配置功能要求的设备套数为依据计算数量,按合同综合单价计算合价后计量
101312010000	1313			广播系统设备					
101312011000		1		广播系统主机(软件、硬件)	1. 规格型号; 2. 配置要求; 3. 安装要求	套	以设计图示设备套数计算	1. 按配置要求购置、提交设备; 2. 安装(包括软件和硬件)、调试; 3. 维护	按实际完成并经验收合格的设备,以满足设计配置功能要求的设备套(架)数为依据计算数量,按合同综合单价计算合价后计量
101312012000		2		音频配线架	1. 规格型号; 2. 尺寸要求; 3. 安装要求	架	以设计图示架数计算	1. 按要求购置; 2. 安装; 3. 维护	
101312013000		3		数字录音系统(软件、硬件)	1. 规格型号; 2. 配置要求; 3. 安装要求	套	以设计图示设备套数计算	1. 按配置要求购置、提交设备; 2. 安装(包括软件和硬件)、调试; 3. 维护	按实际完成并经验收合格的设备,以满足设计配置功能要求的设备套数为依据计算数量,按合同综合单价计算合价后计量

表 37　控制与监视系统(续)

项目编码	项(细)目编号 章节	子目	细目	项(细)目名称	项目特征	计量单位	工程量计算规则	计价工程内容	计量规则
101312014000		4		广播控制台	1. 规格型号; 2. 配置要求; 3. 安装要求	台	以设计图示设备台(个)数计算	1. 按配置要求购置、提交设备; 2. 安装、调试; 3. 维护	按实际完成并经验收合格的设备,以满足设计配置功能要求的设备台(个)数为依据计算数量,按合同综合单价计算合价后计量
101312015000		5		号角扬声器	1. 规格型号; 2. 配置要求; 3. 安装要求	个	以设计图示设备台(个)数计算	1. 按配置要求购置、提交设备; 2. 安装、调试; 3. 维护	按实际完成并经验收合格的设备,以满足设计配置功能要求的设备台(个)数为依据计算数量,按合同综合单价计算合价后计量
101312016000		6		调度电话	1. 规格型号; 2. 配置要求; 3. 安装要求	台	以设计图示设备台(个)数计算	1. 按配置要求购置、提交设备; 2. 安装、调试; 3. 维护	按实际完成并经验收合格的设备,以满足设计配置功能要求的设备台(个)数为依据计算数量,按合同综合单价计算合价后计量
101312017000		7		设备机架	1. 规格型号; 2. 防腐要求; 3. 安装要求	架	以设计的设备机架数量计算	1. 制作或购置; 2. 安装	按实际完成并经验收合格的支架,以满足设计支承和防护功能要求,以架数为依据计算数量,按合同综合单价计算合价后计量
101313010000	1314			无线通信系统设备					
101313011000		1		集群电话控制交换中心	1. 规格型号; 2. 配置要求; 3. 安装要求	套	以设计图示设备台(套、项)数计算	1. 按配置要求购置、提交设备; 2. 安装、调试; 3. 维护	按实际完成并经验收合格的设备,以满足设计配置功能要求的设备台(套、项)数为依据计算数量,按合同综合单价计算合价后计量
101313012000		2		维护/调度终端	1. 规格型号; 2. 配置要求; 3. 安装要求	台	以设计图示设备台(套、项)数计算	1. 按配置要求购置、提交设备; 2. 安装、调试; 3. 维护	按实际完成并经验收合格的设备,以满足设计配置功能要求的设备台(套、项)数为依据计算数量,按合同综合单价计算合价后计量
101313013000		3		通信服务器	1. 规格型号; 2. 配置要求; 3. 安装要求	台	以设计图示设备台(套、项)数计算	1. 按配置要求购置、提交设备; 2. 安装、调试; 3. 维护	按实际完成并经验收合格的设备,以满足设计配置功能要求的设备台(套、项)数为依据计算数量,按合同综合单价计算合价后计量
101313014000		4		以太网交换机	1. 规格型号; 2. 配置要求; 3. 安装要求	台	以设计图示设备台(套、项)数计算	1. 按配置要求购置、提交设备; 2. 安装、调试; 3. 维护	按实际完成并经验收合格的设备,以满足设计配置功能要求的设备台(套、项)数为依据计算数量,按合同综合单价计算合价后计量
101313015000		5		基地台	1. 规格型号; 2. 配置要求; 3. 安装要求	台	以设计图示设备台(套、项)数计算	1. 按配置要求购置、提交设备; 2. 安装、调试; 3. 维护	按实际完成并经验收合格的设备,以满足设计配置功能要求的设备台(套、项)数为依据计算数量,按合同综合单价计算合价后计量
101313016000		6		天馈系统	1. 规格型号; 2. 配置要求; 3. 安装要求	项	以设计图示设备台(套、项)数计算	1. 按配置要求购置、提交设备; 2. 安装、调试; 3. 维护	按实际完成并经验收合格的设备,以满足设计配置功能要求的设备台(套、项)数为依据计算数量,按合同综合单价计算合价后计量
101313017000		7		手持对讲机	1. 规格型号; 2. 配置要求; 3. 安装要求	台	以设计图示设备台(套、项)数计算	1. 按配置要求购置、提交设备; 2. 安装、调试; 3. 维护	按实际完成并经验收合格的设备,以满足设计配置功能要求的设备台(套、项)数为依据计算数量,按合同综合单价计算合价后计量
101313018000		8		车载台	1. 规格型号; 2. 配置要求; 3. 安装要求	台	以设计图示设备台(套、项)数计算	1. 按配置要求购置、提交设备; 2. 安装、调试; 3. 维护	按实际完成并经验收合格的设备,以满足设计配置功能要求的设备台(套、项)数为依据计算数量,按合同综合单价计算合价后计量
101313019000		9		规范机柜	1. 规格型号; 2. 配置要求; 3. 安装要求	台	以设计图示设备台(套、项)数计算	1. 按配置要求购置、提交设备; 2. 安装、调试; 3. 维护	按实际完成并经验收合格的设备,以满足设计配置功能要求的设备台(套、项)数为依据计算数量,按合同综合单价计算合价后计量
101313020000		10		备品备件	1. 规格型号; 2. 配置要求; 3. 安装要求	套	以设计图示设备台(套、项)数计算	1. 按配置要求购置、提交设备; 2. 安装、调试; 3. 维护	按实际完成并经验收合格的设备,以满足设计配置功能要求的设备台(套、项)数为依据计算数量,按合同综合单价计算合价后计量

5.15　第1400章　配套房屋建筑工程

工程项(细)目工程量清单的项目编码、项(细)目编号、项(细)目名称、计量单位设置,应引用DB 33/T 628.3《交通建设工程工程量清单计价规范　第3部分:航道工程》第1400章配套房屋建筑工程的内容执行。

5.16　第1500章　桥梁及接线工程

桥梁及接线工程的工程量清单计价的项目设置、工程量计算规则、计价内容及计量规则,应参照DB 33/T 628.1《交通建设工程工程量清单计价规范　第1部分:公路工程》的规定执行,项(细)目编号前加(QL)。

5.17　第1600章　航道工程

航道工程的工程量清单计价的项目设置、工程量计算规则、计价内容及计量规则,应参照DB 33/T 628.3《交通建设工程工程量清单计价规范　第3部分:航道工程》的规定执行,项(细)目编号前加(HD)。

6 工程量清单计价表表式和计价要求

6.1 工程量清单预算价表表式和计价要求

6.1.1 工程量清单预算价表应采用本规范统一表式。

6.1.2 工程量清单预算价表组成如下：

a)工程量清单预算价表封面(表38)；

b)工程量清单预算价汇总表(表39)；

c)工程项(细)目工程量清单预算价表(表40)；

d)暂估价表(表41)；

e)计日工项目清单预算价表(表42)；

f)主要材料设备价格表(表43)；

g)综合单价分析表(表44)；

h)工程量清单综合单价汇总表(表45)。

6.1.3 工程量清单预算价表表式应按下列规定填写：

a)工程量清单预算价表应按表式由招标人填写；

b)封面应按规定内容填写、签字、盖章。

表38　封面

____项目

__________________标段

工 程 量 清 单 预 算 价 表

招　标　人：________________（全称）________________（单位盖章）

法定代表人
或其授权代理人：________________________________（签字盖章）

水运工程造价人员
及证书编号：________________________________（签字盖章）

编制日期：________________________________

表 39 工程量清单预算价汇总表

工程名称：______________________________　　　　标段：____________

序号	章次	章 名 称	金额(元)
1	100	总则	
2	200	土石方及填筑工程	
3	300	钢筋及预应力钢筋工程	
4	400	混凝土工程	
5	500	桩基工程	
6	600	附属设施安装工程	
7	700	钢结构工程	
8	800	砌筑工程	
9	900	地基处理工程	
10	1000	场地及场内道路工程	
11	1100	船闸设备安装工程	
12	1200	绿化和环境保护工程	
13	1300	机电设备安装工程	
14	1400	配套房屋建筑工程	
15	1500	桥梁及接线工程	
16	1600	航道工程	
17			
18	第 100 章至第 1600 章清单合计		
19	在清单合计中的暂估价合计		
20	清单合计减去材料、工程设备和专业工程暂估价合计(20)=(18)-(19)		
21	计日工合计		
22	暂列金额(不含计日工总额)(22)=[(20)×__%] (一般为 5%)		
23	投标报价(23)=(18)+(21)+(22)		

招 标 人：__________(全称及盖章)__________　　编制时间：______________

法定代表人
或其授权代理人：__________(签字盖章)__________　　水运造价人员
及资格证书编号：__________(签字盖章)

表 40 工程项(细)目工程量清单预算价表

工程名称:____________________ 标段:____________________ 第____页 共____页

清单 第______章 ______						
项目编码	项(细)目编号	项(细)目名称	计量单位	工程数量	综合单价	合价(元)
清单 第____章合计 人民币____________________元						

表41　暂 估 价 表

工程名称：＿＿＿＿＿＿＿＿＿＿＿＿　**标段：**＿＿＿＿＿＿＿＿＿＿＿＿

<table>
<tr><th>项(细)目编号</th><th>名称</th><th>单位</th><th>数量</th><th>综合单价</th><th>合价(元)</th><th>备注</th></tr>
<tr><td colspan="7">1. 材料暂估价</td></tr>
<tr><td></td><td></td><td></td><td></td><td></td><td></td><td></td></tr>
<tr><td></td><td></td><td></td><td></td><td></td><td></td><td></td></tr>
<tr><td></td><td></td><td></td><td></td><td></td><td></td><td></td></tr>
<tr><td></td><td></td><td></td><td></td><td></td><td></td><td></td></tr>
<tr><td></td><td></td><td></td><td></td><td></td><td></td><td></td></tr>
<tr><td></td><td></td><td></td><td></td><td></td><td></td><td></td></tr>
<tr><td colspan="5">材料暂估价小计</td><td></td><td></td></tr>
<tr><td colspan="7">2. 工程设备暂估价</td></tr>
<tr><td></td><td></td><td></td><td></td><td></td><td></td><td></td></tr>
<tr><td></td><td></td><td></td><td></td><td></td><td></td><td></td></tr>
<tr><td></td><td></td><td></td><td></td><td></td><td></td><td></td></tr>
<tr><td></td><td></td><td></td><td></td><td></td><td></td><td></td></tr>
<tr><td></td><td></td><td></td><td></td><td></td><td></td><td></td></tr>
<tr><td></td><td></td><td></td><td></td><td></td><td></td><td></td></tr>
<tr><td colspan="5">工程设备暂估价小计</td><td></td><td></td></tr>
<tr><td colspan="7">3. 专业工程暂估价</td></tr>
<tr><td></td><td></td><td></td><td></td><td></td><td></td><td></td></tr>
<tr><td></td><td></td><td></td><td></td><td></td><td></td><td></td></tr>
<tr><td></td><td></td><td></td><td></td><td></td><td></td><td></td></tr>
<tr><td></td><td></td><td></td><td></td><td></td><td></td><td></td></tr>
<tr><td></td><td></td><td></td><td></td><td></td><td></td><td></td></tr>
<tr><td></td><td></td><td></td><td></td><td></td><td></td><td></td></tr>
<tr><td colspan="5">专业工程暂估价小计</td><td></td><td></td></tr>
<tr><td colspan="5">暂估价合计[(1)+(2)+(3)]</td><td></td><td></td></tr>
</table>

表 42 计日工项目清单预算价表

工程名称：________________ 标段：________________ 第____页 共____页

序号	名 称	规格(工种)	计量单位	数 量	金额(元)	
					综合单价	合 价
101	人工	班长	工日			
102		普通工	工日			
103		焊工	工日			
104		电工	工日			
105		混凝土工	工日			
106		木工	工日			
107		钢筋工	工日			
		……				
	小 计					
201	材料	水泥	t			
202		钢筋	t			
203		钢绞线	t			
204		沥青	t			
205		木材	m^3			
206		砂	m^3			
207		碎石	m^3			
208		片石	m^3			
		……				
	小 计					
301	船舶机械	装载机				
301-1		1.5m^3 以下	台班			
301-2		1.5m^3 ~2.5m^3	台班			
301-3		2.5m^3 以上	台班			
302		推土机				
302-1		90kW 以下	台班			
302-2		90kW ~180kW	台班			
302-3		180kW 以上	台班			
303		搅拌船				
303-1		12m^3/h 搅拌船	艘班			
		……				
	小 计					
	合 计					

表 43　主要材料设备价格表

工程名称：________________________　　标段：______________　　第____页　共____页

序号	名 称	规格型号	单位	综合单价（元）	数 量	交货地点	备注
一	招标人供应						
二	投标人采购						

表44　综合单价分析表

清单项目编码：

清单项目名称：　　　　　　　　　　　　　　　　　　**第____页　共____页**

定额编号：

序号	名 称	规格型号	计量单位	数 量	综合单价(元)	合 价(元)
1	直接费	—	—	—	—	—
1.1	人工费					
1.2	材料费	—	—	—	—	—
1.2.1	……					
……						
1.3	船舶机械使用费	—	—	—	—	—
1.3.1						
…						
2	间接费	—				
3	利润	—				
4	税金	—				
5	合计	—				
6	综合单价	—				

表 45 工程量清单综合单价汇总表

工程名称：＿＿＿＿＿＿＿＿＿＿ 标段：＿＿＿＿＿＿ 第＿＿页 共＿＿页

序号	项目编码	项(细)目名称	计量单位	工程数量	综合单价(元)	合价(元)	其中					
							人工费	材料费	船机使用费	间接费	利润	税金
总计												

6.2 工程量清单报价表表式和计价要求

6.2.1 工程量清单报价表应采用本规范统一表式。

6.2.2 工程量清单报价表是投标文件一部分,也是项目合同文件的重要组成部份,组成如下:

a)工程量清单报价表封面(表46);

b)工程量清单计价汇总表(表47);

c)工程项(细)目工程量清单计价表(表48);

d)暂估价表(表49);

e)计日工项目清单计价表(表50);

f)主要材料设备价格表(表51);

g)综合单价分析表(表52);

h)工程量清单综合单价汇总表(表53)。

6.2.3 工程量清单报价表表式应按下列规定填写:

a)工程量清单表应按表式由投标人填写;

b)封面应按规定内容填写、签字、盖章。

表 46　封面

＿＿＿＿＿＿＿＿＿＿＿＿＿＿＿＿＿＿＿＿＿＿＿＿＿＿＿＿＿＿**项目**

＿＿＿＿＿＿＿＿**标段**

工 程 量 清 单 报 价 表

招　标　人：＿＿＿＿＿＿＿＿＿＿（全称）＿＿＿＿＿＿＿＿＿＿（单位盖章）

法定代表人
或其授权代理人：＿＿＿＿＿＿＿＿＿＿＿＿＿＿＿＿＿＿＿＿（签字盖章）

水运工程造价人员
及证书编号：＿＿＿＿＿＿＿＿＿＿＿＿＿＿＿＿＿＿＿＿（签字盖章）

编制日期：＿＿＿＿＿＿＿＿＿＿＿＿＿＿＿＿＿＿＿＿＿＿＿＿

表 47　工程量清单计价汇总表

工程名称：________________　　**标段：**____________

序号	章次	章 名 称	金额(元)
1	100	总则	
2	200	土石方及填筑工程	
3	300	钢筋及预应力钢筋工程	
4	400	混凝土工程	
5	500	桩基工程	
6	600	附属设施安装工程	
7	700	钢结构工程	
8	800	砌筑工程	
9	900	地基处理工程	
10	1000	场地及场内道路工程	
11	1100	船闸设备安装工程	
12	1200	绿化和环境保护工程	
13	1300	机电设备安装工程	
14	1400	配套房屋建筑工程	
15	1500	桥梁及接线工程	
16	1600	航道工程	
17			
18	第 100 章至第 1600 章清单合计		
19	在清单合计中的暂估价合计		
20	清单合计减去材料、工程设备和专业工程暂估价合计(20)=(18)-(19)		
21	计日工合计		
22	暂列金额(不含计日工总额)(22)=[(20)×__%] (一般为 5%)		
23	投标报价(23)=(18)+(21)+(22)		

招 标 人：________(全称及盖章)________　　编制时间：____________

法定代表人
或其授权代理人：________(签字盖章)________　　水运造价人员
及资格证书编号：________(签字盖章)________

表 48　工程项(细)目工程量清单计价表

工程名称:________________　标段:__________　第____页　共____页

清单　第______章　______						
项目编码	项(细)目编号	项(细)目名称	计量单位	工程数量	综合单价	合价
清单　第____章合计　人民币__________元						

表49　暂 估 价 表

工程名称:______________________　**标段:**______________________

<table>
<tr><th>项(细)目编号</th><th>名称</th><th>单位</th><th>数量</th><th>综合单价</th><th>合价</th><th>备注</th></tr>
<tr><td colspan="7">1. 材料暂估价</td></tr>
<tr><td></td><td></td><td></td><td></td><td></td><td></td><td></td></tr>
<tr><td></td><td></td><td></td><td></td><td></td><td></td><td></td></tr>
<tr><td></td><td></td><td></td><td></td><td></td><td></td><td></td></tr>
<tr><td></td><td></td><td></td><td></td><td></td><td></td><td></td></tr>
<tr><td></td><td></td><td></td><td></td><td></td><td></td><td></td></tr>
<tr><td></td><td></td><td></td><td></td><td></td><td></td><td></td></tr>
<tr><td colspan="5">材料暂估价小计</td><td></td><td></td></tr>
<tr><td colspan="7">2. 工程设备暂估价</td></tr>
<tr><td></td><td></td><td></td><td></td><td></td><td></td><td></td></tr>
<tr><td></td><td></td><td></td><td></td><td></td><td></td><td></td></tr>
<tr><td></td><td></td><td></td><td></td><td></td><td></td><td></td></tr>
<tr><td></td><td></td><td></td><td></td><td></td><td></td><td></td></tr>
<tr><td></td><td></td><td></td><td></td><td></td><td></td><td></td></tr>
<tr><td></td><td></td><td></td><td></td><td></td><td></td><td></td></tr>
<tr><td colspan="5">工程设备暂估价小计</td><td></td><td></td></tr>
<tr><td colspan="7">3. 专业工程暂估价</td></tr>
<tr><td></td><td></td><td></td><td></td><td></td><td></td><td></td></tr>
<tr><td></td><td></td><td></td><td></td><td></td><td></td><td></td></tr>
<tr><td></td><td></td><td></td><td></td><td></td><td></td><td></td></tr>
<tr><td></td><td></td><td></td><td></td><td></td><td></td><td></td></tr>
<tr><td></td><td></td><td></td><td></td><td></td><td></td><td></td></tr>
<tr><td></td><td></td><td></td><td></td><td></td><td></td><td></td></tr>
<tr><td colspan="5">专业工程暂估价小计</td><td></td><td></td></tr>
<tr><td colspan="5">暂估价合计[(1)+(2)+(3)]</td><td></td><td></td></tr>
</table>

表 50　计日工项目清单计价表

工程名称:________________　标段:________　第____页　共____页

序号	名称	规格(工种)	计量单位	数量	金额(元)	
					综合单价	合 价
101	人工	班长	工日			
102		普通工	工日			
103		焊工	工日			
104		电工	工日			
105		混凝土工	工日			
106		木工	工日			
107		钢筋工	工日			
		……				
	小 计					
201	材料	水泥	t			
202		钢筋	t			
203		钢绞线	t			
204		沥青	t			
205		木材	m^3			
206		砂	m^3			
207		碎石	m^3			
208		片石	m^3			
		……				
	小 计					
301	船舶机械	装载机				
301-1		$1.5m^3$ 以下	台班			
301-2		$1.5m^3$ ~ $2.5m^3$	台班			
301-3		$2.5m^3$ 以上	台班			
302		推土机				
302-1		90kW 以下	台班			
302-2		90kW ~ 180kW	台班			
302-3		180kW 以上	台班			
303		搅拌船				
303-1		$12m^3/h$ 搅拌船	艘班			
J304		挖掘机				
J304-1		斗容 $1.0m^3$ 以内	台班			
J304-2		斗容 $1.0m^3$ 以上	台班			
		……				
	小 计					
	合 计					

表 51　主要材料设备价格表

工程名称:______________________________　　**标段:**________________　　**第____页　共____页**

序号	名称	规格型号	单位	综合单价（元）	数量	交货地点	备注
一	招标人供应						
二	投标人采购						

表 52　综合单价分析表

清单项目编码：

清单项目名称：　　　　　　　　　　　　　　　　　　　　**第____页　共____页**

定额编号：

序号	名称	规格型号	计量单位	数量	综合单价(元)	合价(元)
1	直接费	—	—	—	—	—
1.1	人工费					
1.2	材料费	—	—	—	—	—
1.2.1	……					
……						
1.3	船舶机械使用费	—	—	—	—	—
1.3.1						
…						
2	间接费	—				
3	利润	—				
4	税金	—				
5	合计	—				
6	综合单价	—				

表 53 工程量清单综合单价汇总表

工程名称:________________ 标段:____________ 第____页 共____页

序号	项目编码	项(细)目名称	计量单位	工程数量	综合单价(元)	合价(元)	其中					
							人工费	材料费	船机使用费	间接费	利润	税金
总 计												

参考文献

[1] GB 50500 建设工程工程量清单计价规范
[2] JTS 110—2008 水运工程标准施工招标文件
[3] JTS 204—2008 水运工程爆破技术规范
[4] JTS 207—2012 疏浚与吹填工程施工规范
[5] JTS 181-5—2012 疏浚与吹填工程设计规范
[6] DB 33/T 628.1 交通建设工程工程量清单计价规范 第1部分:公路工程
[7] DB 33/T 628.2 交通建设工程工程量清单计价规范 第2部分:港口工程